Millionärs Geheimnisse

Mit Sparen zu Reichtum

Des frugalen Millionärs-Mindsets

von Christine Szakonyi

Ein Bericht aus erster Hand über ein junges Dorfmädchen auf ihrem Weg zu einer sparsamen Meisterin der Finanzen.

Copyright © 2021 by Krisztina Anna Szakonyi, Christine Szakonyi

Published by Christine Szakonyi, Amazon

Titelbildnachweis: Krisztina Anna Szakonyi

Umschlaggestaltung: Krisztina Anna Szakonyi

Herausgegeben von Emese Simon, www.emesesimon.com

Erstmals veröffentlicht: 2021

The Frugal Millionaire Mindset

ISBN 9798528650227

Millionärs Geheimnisse

ISBN 9798469346739

ALLE RECHTE VORBEHALTEN. KEIN TEIL DIESES BUCHES DARF OHNE SCHRIFTLICHE GENEHMIGUNG IN IRGENDEINER FORM VERVIELFÄLTIGT WERDEN.

Kontakt: thefrugalmillionairemindset@gmail.com

YouTube: Puzzle Gain

YouTube Link:

https://www.youtube.com/channel/UC-xO3nMmj9ovzGAl2BXn6SA

Instagram: Frugal Millionaire Mindset

Instagram Link: https://www.instagram.com/frugalmillionairemindset/

Facebook: The Frugal Millionaire Mindset (Seite)

Facebook Link:

https://www.facebook.com/The-Frugal-Millionaire-Mindset-104513261731865

Widmung

Für meine Eltern und meine lieben Großmütter.

Hálás köszönet szüleimnek és nagymamáimnak.

Ich möchte Gavrilo von ganzem Herzen dafür danken, dass er mir die Denkweise eines sparsamen Millionärs beigebracht hat.

Nek padaju ljetne kiše po nama.- Lexington, Ljetne kiše

Epilog

Sich selbst zu sein und sich selbst treu zu bleiben, ist heutzutage eine echte Herausforderung, vor allem wenn man als junger Erwachsener hart daran arbeitet, finanzielle Freiheit zu erlangen. Gibt es einen magischen Geist, der die Denkweise der Selbstständigen umgibt oder gibt es noch etwas zu entdecken? Wonach suchst du überhaupt? Kannst du es beschreiben?

Viele Bücher bieten das ultimative Rezept, wie man finanziell unabhängig und erfolgreich wird, aber niemand kann garantieren, wann oder ob man überhaupt jemals dort ankommt. Das liegt daran, dass sich die meisten Bücher, die auf dem Finanzberatungsmarkt angeboten werden, vor allem darauf konzentrieren, wie man in kürzester Zeit zum Millionär werden kann. Sie konzentrieren sich aber nicht auf viele der grundlegenden Lebensstilentscheidungen, die wir treffen sollten, um finanziell unabhängig zu werden. Es ist nicht einfach, herauszufinden, wie man finanziellen Erfolg erreichen kann, denn Erfolg ist etwas völlig anderes. Eine positive Einstellung ist jedoch von grundlegender Bedeutung, um seine Ziele zu erreichen und sein Schicksal zu gestalten. Aber es gibt noch mehrere andere wichtige Bereiche und Faktoren in Ihrem Leben, die du in den Griff bekommen, auf die du dich konzentrieren und die du kontinuierlich verbessern musst.

Ich empfehle dieses Buch allen jungen, ehrgeizigen Menschen, die ihr finanzielles Schicksal schon früh im Leben in die Hand nehmen, entscheidende Fehler vermeiden und unabhängig von ihren Verdienstmöglichkeiten im Beruf Vermögen aufbauen wollen.

Ich empfehle es auch erfahreneren Menschen, die sich nicht scheuen, den Erfahrungen einer jungen Frau aus dem wirklichen Leben zuzuhören. Ich bitte dich nur darum, aufgeschlossen zu sein und meine ehrliche Art, zu schreiben, zu genießen. Außerdem hoffe ich aufrichtig, dass du dieses Buch nützlich und umwerfend finden wirst und dass diese Entwicklungsreise dich motivieren wird, in die Welt der Finanzen einzusteigen oder dir helfen wird, auf deinem Lebensweg weiterzukommen, wann immer du das Gefühl hast, dass du feststeckst. Vergiss nie, dass du nur eine Chance hast, ein außergewöhnliches Leben zu führen. Lass mich dir helfen, dorthin zu gelangen.

Millionärs Geheimnisse
Des frugalen Millionärs-Mindsets
Von Christine Szakonyi

KAPITEL EINS	1
Die wahre Geschichte hinter dem Buch	1
KAPITEL ZWEI	18
Der harte Weg, Finanzen zu lernen	18
KAPITEL DREI	31
Der einfache Weg, Finanzen zu lernen	31
KAPITEL VIER	38
Übernimm die Kontrolle über deine Ausgaben	38
KAPITEL FÜNF	48
Die Zero Waste 6 R Nachhaltigkeitspyramide	48
KAPITEL SECHS	60
Wie du deine Pennys in Millionen verwandelst	60
KAPITEL SIEBEN	67
Seele vor Geld	67
KAPITEL ACHT	74
Lebenspartner und persönliche Beziehungen	74

KAPITEL NEUN 83

Fehler zum Vermeiden 83

KAPITEL ZEHN 92

Szakonyi's sparsamer Millionärskuchen 92

KAPITEL ELF 97

Priorisieren und fokussieren 97

KAPITEL ZWÖLF 105

Du hast dein Geld verdient, was kommt als nächstes? 105

KAPITEL DREIZEHN 109

Zusammenfassung der Lektionen 109

Kapitel Eins

Die wahre Geschichte hinter dem Buch

Meine Geschichte begann wie ein Hollywood-Märchen, in dem das arme junge Mädchen einen wohl-habenden Mann trifft und sie glück-lich bis ans Ende ihrer Tage leben.

Ich bin in einem hübschen kleinen Dorf in Ungarn aufgewachsen, wo die Zeit seit den 1990er Jahren stehen geblieben ist. Es ist ein Ort, an dem die altmodische Lebensweise immer noch existiert und jeder etwas Negatives über die Ziele und Ideen anderer Menschen zu sagen hat und jeder die Anerkennung seines Privatlebens sucht. Aber anstatt auf meine Umgebung zu achten, kümmerte ich mich um meine eigenen Angelegenheiten und blieb abseits der ausgetretenen Pfade.

Ich bin mit Angst vor Geld aufgewachsen und als Teenager war es eine Herausforderung, die Finanzwelt zu verstehen. Ich habe zwei völlig unterschiedliche Herangehensweisen an Geld gesehen. Mein Vater war ein sparsamer und extrem fleißiger Maurer, während meine Mutter eine Krankenschwester war, die damals das meiste Geld für mich und Privatunterricht ausgab. Meine Mutter schätzte mich, weil meine ältere Schwester im Alter von 13 Monaten gestorben war, und dies hatte meine Beziehung zu meiner Mutter einzigartig gemacht. Meine Eltern und Großeltern waren zu nachsichtig mit mir, als ich aufwuchs, und der Helikopter-Erziehungsstil meiner Mutter machte mich zu einem gefühllosen Teenager.

Aus dieser Box auszubrechen und meine Ziele zu erreichen, war keine leichte Aufgabe und es hat lange gedauert, bis ich meine wahre Leidenschaft entdeckt habe. In der Vergangenheit schwebte ich immer in der Nähe von Armut und was mich ver-änderte, war, mich in den prinzipientreusten Mann zu verlieben, den ich je getroffen habe, der meine Denkweise darüber verändert hat, was Erfolg, Reichtum und Wert wirklich bedeuten.

Mit seiner Mentorschaft habe ich mich innerhalb weniger Jahre von einem Landgänger zu einem finanziell verantwortungsbewussten Erwachsenen gemausert. Seitdem hatte sich das arme Mädchen vom Anfang der Geschichte zu einer praktizierenden Millionärs-Mentalität entwickelt.

Es ist lohnend, Menschen etwas über Wohlstand, Prinzipien und finanzielle Unabhängigkeit beibringen zu können. Es macht mir große Freude, nicht nur jungen Menschen zu helfen, sondern auch der älteren Generation, die mir mit offenen Ohren aufmerksam zuhören sollte, denn meine Ergebnisse sind trotz mei-nes jungen Alters außergewöhnlich. Warum glauben die Leute, dass das, was ich sage, real und erreichbar ist?

Ich verbrachte 19 Jahre in dem Bildungssystem, das mich auf das Leben vorbereiten sollte, war jedoch bereits mit 18 Jahren Unternehmer. Ich bin Wirtschaftswissenschaftlerin mit einem Masterabschluss in Finance, habe aber auch mehrere andere Berufe (ich habe aufgehört, irgendwo um die zehn zu zählen) und ich definiere mich als eine Art Renaissance-Frau. Ich bin mit 22 Jahren mutig allein ins Ausland gezogen und habe Lebensheraus-forderungen wie Arbeit und Finanzen hautnah miterlebt. Nach mei-nem Umzug nach Wien habe ich während meiner Masterarbeit über Kryptowährungen in Englisch innerhalb von drei Jahren eine völlig neue Sprache (Deutsch) gelernt. Bereits wenige Tage nach meiner Ankunft in Österreich begann ich als Kellnerin zu arbeiten und passte mich schnell an den neuen Lebensstil an. Mittlerweile spreche ich drei Sprachen fließend und ich glaube, dass jeder sein Leben ändern, überdenken oder verbessern kann, so wie ich es getan habe. Ich verbreite positive Energie und nutze alle neuen Möglichkeiten, um das finanzielle Leben der Menschen zu verbessern. Mein YouTube-Kanal heißt Puzzle Gain, wo ich einfache und klar strukturierte Lektionen über das Konzept der sparsamen Millionärs-Mentalität und Kryptowährungen vorstelle. Ich bin so begeistert von diesen Themen, dass ich das Wissen sowohl auf Englisch als auch auf Ungarisch für meine Muttersprachler verbreite, um die Sprachbarriere zu überwinden. Ich gehe die Extrameile, um Videos in zwei verschiedenen Sprachen zu erstellen, aber das ist es, was angetrieben wird. Aber meine Denkweise war nicht immer so gewesen. Ich habe Englisch nach meinem ersten Semester in der High School nicht bestanden und war in den ersten drei Jahren einer der leistungsschwächsten Schüler. Ich war nur an Partys interessiert und interessierte mich nicht für die Zukunft. Im Alter von 16 Jahren erlebte ich jedoch ein lebensveränderndes Ereignis. Ein Unfall beim Eislaufen hat mein Leben auf den Kopf gestellt, und die Gehirnerschütterung hat meine Prioritäten, mein Verhalten und mein gesamtes Lebensgefühl verändert.

Meine Mutter war sprachlos, als sie mich acht Stunden am Stück für meine Geschichtsprüfung lernen sah. Sie konnte ihre Tochter kaum wiedererkennen. Ich kenne nur eine Handvoll Leute, die so viel gearbeitet und studiert haben wie ich in meinem letzten Jahr an der High School. Diese Änderung meiner Einstellung und meiner Arbeitsmoral hat mich an diesen Punkt geführt, wo ich nun jeden Tag den alltäglichen Menschen helfe, ihr Geld in den Griff zu bekommen, mein Wissen über Finanzen und Kryptowährungen weiterzugeben, und ich bin auf dem Weg ein internationaler Autor zu werden.

Als ich nach Österreich zog, war mir klar, dass sich harte Arbeit auch an anderen Orten der Erde auszahlt, nicht nur in Ungarn. Innerhalb von drei Jahren habe ich meinen Master in Finance gemacht. Aber das Schicksal hielt noch andere Überraschungen für mich bereit, und ich lernte einen erstaunlichen Mann kennen und lebte schließlich in seiner Villa in Wien. Aber es war überhaupt nicht das, was du vielleicht denkst…

Diese Beziehung auf dem Schiff begann, wie viele romantische Beziehungen heutzutage beginnen, auf Tinder. Ich hatte gerade die App heruntergeladen und wir passten zusammen. Um ehrlich zu sein, habe ich sein Profil nach rechts gewischt, nur weil er ein einziges Foto von ihm auf einem Motorrad vor einer atemberaubenden Landschaft hatte, das mich ansprach. Mein Deutsch war damals noch nicht so gut, also unterhielten wir uns in *„Germish"*, unserer speziellen Mischung aus Englisch und Deutsch. Nach einer Weile gab ich ihm meine Telefonnummer und er rief sofort an und bestand darauf, mich noch am selben Tag zu sehen. Ich sagte es ihm, da ich schon Pläne hatte, aber er tauchte trotzdem vor meinem Arbeitsplatz auf, und das nächste, was ich merkte, war ein Uhr morgens, und er brachte mich nach Hause in meine Wohnung, nachdem er die Nacht. Dann küsste er mich und sagte mir, dass er sich in mich verlieben würde und ich muss zugeben, dass ich Schmetterlinge im Bauch hatte. Er hieß Gavrilo.

Bald würde ich herausfinden, wo er wohnte. Als ich sein Haus zum ersten Mal besuchte, eine große Villa in einem illustren Viertel von Wien, war ich etwas eingeschüchtert, da ich so etwas noch nie zuvor gesehen hatte. Als ich eintrat, war meine erste Frage: Wer hat dieses kolossale Haus geputzt? Ich war so naiv, so unerfahren und damals noch ein kleines Dorfmädchen. Er lachte nur und erinnert sich noch oft an diesen Moment.

Er erbte die riesige Villa von einem älteren Millionär, der für ihn wie eine Mutter war. Frau Annie hatte eine miserable Kindheit und sechs Geschwister, heiratete aber schließlich einen wohlhabenden Mann, dessen Familie Immobilienanlagen in Wien besaß. Sie lernte ihren zukünftigen Ehemann in einer kalten, regnerischen Nacht kennen, nachdem sie herausgefunden hatte, dass ihr Freund sie betrogen hatte. Sie saß auf einer Bank am Bahnhof und wartete auf den ersten Zug zurück nach Wien, als ihr ein gutaussehender großer Mann in einem schönen Anzug seine Jacke anbot. Sie redeten die ganze Nacht und heirateten innerhalb kurzer Zeit. Er war derjenige, der sie in die sparsame Millionärs-Mentalität einführte.

Frau Annie wollte nie Kinder haben, weil sie der Meinung war, dass Kinder zu viel Geld kosten. Was von einer Millionärin komisch klingt, aber das war ihre Meinung. Obwohl sie nie Mutter wurde, betrachtete sie ihn später in ihrem Leben, als sie Gavrilo traf, als ihren eigenen Enkel und nahm ihn unter ihre Fittiche. Angefangen hat alles, als Frau Annie Gavrilo im Alter von 19 Jahren anheuerte, um in der Sommerpause 2001 Hausarbeiten in der Villa zu erledigen, während er seine Verwandten in Österreich besuchte. 2006 stellte sie ihn dann für eine unbefristete Vollzeitstelle als persönlichen Assistenten und Chauffeur ein. Im Laufe der Jahre wurden sie zu engen Gefährten, und nachdem sie ihm beigebracht hatte, perfekt Deutsch zu sprechen, begann sie, ihn über Finanzen, Investitionen und vor allem in die sparsame Millionärsmentalität zu beraten. Gavrilo verbrachte lange treue Jahre in ihren Diensten bis zu ihrem Lebensende und hinterließ ihm die Villa mit allen ihren Inhalten in ihrem Testament.

Der Nachlass von Frau Annie umfasste mehrere Millionen Euro und viele andere Vermögenswerte und Immobilien. Glaub mir, ich hatte die Gelegenheit, indirekt von einem echten Millionär zu lernen. Meine Liebesgeschichte mit Gavrilo, einem Mann mit einem so großen und wertvollen Erbe, mit dem ich viel gemeinsam hatte, ermöglichte mir, Kenntnisse in der Finanzwelt zu erlangen, die ich sonst nie hätte erlangen können und die ich hoffe, sie in diesem Buch an dich weiterzugeben.

Ich weiß nicht genau, warum mich das Schicksal auf diesen Weg gebracht hat, aber im Nachhinein kann ich sagen, dass es für mich der perfekte Weg war, um zu verstehen, was eine echte Millionärs-Denkweise bedeutet. Mit Gavrilos Hilfe konnte ich schon in jungen Jahren mein altes Mindset in ein neues Denken umwandeln. Heutzutage höre ich oft von Leuten in den 40ern und 50ern, dass sie sich wünschen, sie hätten meine Mentalität, als sie jung waren, denn wenn sie damals das täten, was ich jetzt mache, wären sie jetzt glückliche Millionäre im Ruhestand.

Ich habe echten Reichtum hautnah miterlebt, als ich in einem illustren Teil Wiens lebte, und als Dorfmädchen erkannte ich, was der Lebensstil der Oberschicht wirklich bedeutet und wie das 1% ihr Leben bewältigte. Diese Erfahrung und dieses Finanzwissen öffneten mir die Augen für eine ganz neue Perspektive, die ich ohne diese Faktoren, die ich mehrere Jahre in meinem Leben begleitet hätte, nie hätte verstehen können.

Natürlich ist mir klar, dass meine Geschichte einzigartig ist, und dieser Faktor wird im Leben der meisten Menschen fehlen. Aber genau deshalb schreibe ich dieses Buch, um mit Ihnen alle Methoden zu teilen, die auch du in deinem Leben anwenden kannst, um auf dem Weg in die finanzielle Unabhängigkeit zu sein.

Ich habe von Gavrilo mehr über Geld gelernt als aus jedem Buch, und ich habe dieses Wissen in meinem eigenen Leben genutzt, um erfolgreich zu sein und meine brennenden Wünsche zu erfüllen. Wenn ein Mensch aus der Armut kommt, geht er ganz anders mit den Dingen um als Menschen, die aus privilegierteren Verhältnissen kommen. Gavrilo, der sowohl Reichtum als auch Armut und Krieg erlebt hatte, sagte mir oft, dass er kein Geld für zwei Paar billige Schuhe habe, und er hatte Recht. Ich auch nicht, nur für ein gutes Paar.

Lass dich in Sachen Sparsamkeit beraten von einer Frau, die seit Jahren mit einem Millionär in seiner Villa zusammenlebt, die keine Alltagsprobleme hat, keine Miete zahlen muss, keine Schulden hat und du denkst, es fällt ihr leicht zu reden. Du gehst wahrscheinlich davon aus, dass ich ein Zuckerbaby bin und tausende Euro Zuschuss erhalte. Aber du könntest nicht falscher liegen. Die Dinge waren zunächst nicht so, wie sie schienen, und obwohl er eine Villa besaß, ging es ihm finanziell überhaupt nicht gut. Aber ich bin trotzdem bei ihm geblieben, weil ich mich in ihn verliebt habe und das Gefühl hatte, dass er der Richtige für mich ist, unabhängig von seinem damaligen Einkommen.

Ich möchte einige Geschichten mit dir teilen, damit du verstehst, was ich mit Gavrilo tatsächlich durchgemacht habe und wie wir sowohl als Paar als auch einzeln die Kontrolle über unser finanzielles Leben übernommen haben. Als ich Gavrilo kennenlernte, lebte ich bereits alleine und arbeitete hart für mein Geld als Kellnerin und reinigte nebenbei auch noch Immobilien. Mein Rekord waren 26 Tage Arbeit ohne Pause an drei verschiedenen Orten, und ich habe mich jede Nacht in den Schlaf geweint, weil ich so viel Heimweh hatte. Ich habe mein Geld genauso verdient wie du, mit Schweiß und Tränen, auf die harte Tour.

Als ich Gavrilo traf, war er in einer viel schlechteren finanziellen Situation als jetzt, und wir haben unsere Finanzen im Laufe unserer Beziehung gemeinsam entwickelt.

Du fragst dich jetzt bestimmt, warum es ihm nicht gut ging, als ich ihn traf? Nun, weil das Erben eines riesigen Hauses nicht mit einer Tasche voller Geld verbunden ist. Was damit verbunden ist, sind außerordentliche Ausgaben.

Gavrilo hätte die Möglichkeit gehabt, Millionen von Frau Annie zu erben. Ihre Familie hatte sie jahrelang vernachlässigt, nur Gavrilo war für sie da gewesen. Lange Zeit zögerte sie, ihr gesamtes Vermögen Gavrilo wegen ihres Neffen zu überlassen. Einige Tage vor ihrem Tod ließ sie ihrem Neffen von ihrem Bankier einen Teil ihres Geldes zukommen. Aus Angst, dass es alles sein würde, was er bekommen würde und sie ihren Willen ändern würde, ließ er sie für inkompetent erklären. Als sie merkte, was er getan hatte, weigerte sie sich mehr zu essen und verließ diese Welt traurig. Obwohl sie nicht mehr berechtigt war, ihr Testament zu ändern, blieb Gavrilo bis zu ihrem letzten Moment an ihrer Seite. Die Familie der Sterbenden zeigte wenig Rücksicht auf sie und tauchte erst in allerletzter Minute auf. In den letzten Tagen ihres Lebens drückte sie Gavrilo mehrmals ihr Bedauern aus, dass sie ihm nicht ihr gesamtes Vermögen hinterlassen hatte. Frau Annie erkannte, dass sie mit ihrem Zögern einen großen Fehler gemacht hatte. Ihr Vermögen ging schließlich an ihren Neffen, der sie gerade benutzt hatte. Aber das wundervolle Leben, das sie gelebt hatte, gab ihr am Ende Frieden.

Als Frau Annie starb, arbeitete Gavrilo nicht nur für sie, sondern hatte auch ein Geschäft, das innerhalb weniger Monate bankrott ging. Er hatte also nicht nur Unmengen an Geld verloren, sondern auch die Einnahmen, die er von ihr erhalten hatte. Er hatte Geld gespart, schließlich besaß er bereits die sparsame Millionärs-

Mentalität. Aber der plötzliche Einkommensverlust und die Kosten für das Haus brachten ihn in eine negative Stimmung. Er betrauerte den Verlust seines lieben alten Freundes, und darüber hinaus beneideten ihn nahestehende Menschen um sein Erbe und wandten sich gegen ihn. Was folgte, waren mehrere Jahre der Härte. Da er mehrere Jahre im häuslichen Personaldienst war, wäre es ohne weitere Ausbildung schwierig gewesen, in einen herkömmlichen Beruf zurückzukehren. Also ging er wieder zur Schule und bezahlte die Lebenshaltungskosten in Wien von seinen Ersparnissen.

Gavrilo lebte seit sechzehn Jahren mit seiner Freundin zusammen, und sie trennten sich sechs Monate bevor ich in sein Leben trat. Als ich ihn kennenlernte, machte er eine schwierige Zeit durch. Er bekam einen Teilzeitjob, und in den ersten Monaten habe ich sogar mehr Geld verdient als er.

Es kam ihm nie in den Sinn, die Villa oder ihre Einrichtung zu verkaufen, um ihm das Leben zu erleichtern, obwohl ich ihn oft dazu ermutigte. Aber er hatte andere Ideen und ich musste sie akzeptieren, auch wenn es mich ärgerte, weil ich seine Denkweise nicht verstand. Er hatte feste Prinzipien, und das Haus bedeutete ihm zu viel, und er würde es nie verkaufen.

Als Gavrilo mich traf, war er bereits verzweifelt, nicht nur wegen seiner Finanzen, sondern weil ihm ein Teil seines Lebens fehlte. Dieses Puzzlestück war wahre Liebe und Partnerschaft, die sich als ich herausstellte. Gemeinsam haben wir alles technisch von Null neu aufgebaut, mit der sparsamen Millionärs-Mentalität.

Wir beide haben uns sehr schnell entwickelt und uns gegenseitig auf diesem Weg unterstützt, der manchmal schmerzhafte und schwierige Zeiten mit sich brachte. Da wir beide starke Persönlichkeiten mit ganz unterschiedlichen kulturellen Hintergründen haben, hatten wir oft leidenschaftliche Auseinandersetzungen. Trotzdem haben wir am Ende des Tages immer wieder zueinander gefunden. Wir sind nicht nur ein verliebtes Paar, sondern auch beste Freunde. Die Prinzipien, die er mir beigebracht hatte, machten mich zu einem besseren Menschen, und ich konnte den unbezähmbaren Löwen bezwingen.

Sein Ziel war es, mich aus meinem Kellnerjob herauszuholen und einen besseren Job zu finden, der für mich geeignet war, da ich bereits Wirtschaftswissenschaften studiert habe. Ich stimmte voll und ganz zu, weil ich als Kellnerin unglücklich war, obwohl ich mit Trinkgeld recht gut verdiente. Ich hatte das Gefühl, mein Potenzial nicht auszuschöpfen, und es erfüllte mich mit Neid, wie die Gäste Tag für Tag in ihren schönen Anzügen in die Kneipe kamen.

Nach drei Monaten unserer Beziehung machten wir einen günstigen Urlaub in Griechenland, und diese Reise war ein Wendepunkt für mich. Ich ging als Kellnerin und kam als Mensch mit neuen Zielen zurück. Ich wurde vorübergehend arbeitslos und bekam 400 Euro im Monat, und ich entschied, dass der erste Schritt darin bestand, mein Deutsch zu perfektionieren, also schrieb ich mich in einen Kurs ein und Gavrilo, der inzwischen perfekt mit mir sprach, übte jeden Tag geduldig mit mir. Ich habe buchstäblich jede Minute meines Lebens damit verbracht, Deutsch zu lernen, und ich habe mich schnell verbessert. In der Zwischenzeit habe ich mich auf mehrere Bürojobs beworben, aber sie wollten mich nicht einstellen, weil ich nicht gut Deutsch sprechen konnte, ich musste ein offizielles Zeugnis haben. In Österreich achten sie sehr genau auf die richtigen Zeugnisse und Titel für die Stellen.

Der Verlust meines Kellnereinkommens machte mich sehr depressiv und ich wollte oft einfach zurück, aber Gavrilo ließ mich nicht. Obwohl ich mir die Augen ausweinte, hielt er an seinen

Waffen fest, dass ich durchhalten sollte, er sagte mir immer wieder, dass Aufgeben nicht Teil unseres Wörterbuchs sei und dass ich mich weiterhin für Bürojobs bewerben und mich noch mehr anstrengen müsste und die Zeit würde sich lösen alles.

Er hat mich liebevoll unterstützt und mich gleichzeitig, im Dienst, mit seinem militärischen Stil ausgebildet. Das war mir fremd, denn meine Eltern hatten mich ganz anders erzogen. Ich war lange Zeit Einzelkind (nachdem meine Schwester im Alter von einem Jahr gestorben war), also ließen mich meine Eltern alles und jedes machen, und ich wurde zu einer verwöhnten Göre, die mit der falschen Menge rumhing. Ich hatte einen abwesenden Vater, der im Ausland arbeitete, also beinhaltete mein Familienmodell keinen Vater, der jeden Abend am Esstisch saß.

Gavrilos Hintergrund ist ein ganz anderer, er stammt aus einer eng verbundenen Familie. Diese Nähe war mir fast fremd, als ob es mir schwer fiel zu akzeptieren, dass es da draußen tatsächlich gut funktionierende Familien gab. Wir hatten also viele Unterschiede, wie zwei Pole eines Magneten, die sich angezogen fühlten.

Während unseres ersten gemeinsamen Jahres passierte eine schlimme Sache nach der anderen. Er wurde auch arbeitslos, so dass wir einschließlich meines Arbeitslosenschecks nur 1400 Euro im Monat hatten. Seine Mutter wurde zu dieser Zeit wegen Krebs behandelt, es gab also viel Aufruhr und zusätzliche Kosten. Wir waren so pleite, dass wir im September ausgeflippt waren, wie wir im kommenden Winter die Heizung in der Villa bezahlen sollten. Das Leben in einer eiskalten Villa stellte sich als genauso unangenehm heraus, wie es sich anhört. Es gibt nichts Schöneres, als mitten in der Nacht bei 13 Grad Celsius auf die Toilette zu gehen.

Ich fühlte mich so erfolglos und tat mir so leid, dass ich nur im Bett liegen und weinen konnte. Ich war deprimiert, negativ und volatil. Irgendwann mussten wir uns sogar Geld leihen, dessen Rückzahlung über ein Jahr dauerte. Ich schämte mich, das Haus mit geliehenem Geld zu heizen, aber es war schön, wieder warm zu werden.

Während dieser Zeit wurde mir klar, dass ich nicht die einzige war, die im Dunkeln verlor. Auch Gavrilo hatte seinen Weg noch nicht gefunden. Im Laufe der Tage wurde er unzufriedener, nahm stark zu und war immer müde.

Als ich endlich mein Deutschzertifikat bekam, war es schon Frühling. Lange saß ich auf den Marmorstufen des Hauses und weinte vor Freude. Kurz darauf fand ich nach einem Jahr des Kampfes einen gut bezahlten Job.

Schon nach wenigen Monaten wusste ich, dass ich diesen Job nicht ewig behalten würde, wie die Leute, die dort seit 20 Jahren arbeiten, und es würde mich auf Dauer nicht erfüllen, das Gleiche zu tun. Die Idee, einen Arbeitsplatz zu haben, war schön, aber ich war zu ehrgeizig und würde mich nicht mit einem festen, aber begrenzten Gehalt zufriedengeben. Also beschloss ich, dass ich, egal wie lange es dauerte, alles tun würde, um mein Ziel zu erreichen, nämlich im Finanzwesen zu arbeiten. Mit stabilen, aber begrenzten Deutschkenntnissen habe ich mich also 2018 berufsbegleitend für ein 2-jähriges Masterstudium beworben.

Als mich der nette Professor während des Interviews fragte, warum ich glaube, dass ich das Studium abschließen könnte, antwortete ich begeistert mit tränenreichen Augen: *„Weil es in meiner Verantwortung liegt, alles zu Ende zu bringen, was ich anfange. Ich werde mein Deutsch jeden Tag weiter verbessern. Und obwohl ich einen Vollzeitjob habe, werde ich meinen Abschluss im Zeitrahmen des Programms machen, weil ich das schon einmal gemacht habe. Ich habe früher in Ungarn gleichzeitig gearbeitet* *und studiert, und wenn ich das schaffe, kann ich auch diese Schule leiten, wenn du mir nur eine Chance gibst."*

Innerhalb weniger Tage wurde ich in das Programm aufgenommen. Das erste Semester war ziemlich schwierig, weil Deutsch auf Universitätsniveau und englischer Finanzjargon neu für mich waren. Außerdem arbeitete ich damals als mehrsprachige Verkäuferin und lernte Serbisch von Gavrilo. Also war mir sechs Monate lang ziemlich schwindelig von allen Sprachen, und am Ende des Tages wusste ich nicht einmal, was ich eigentlich sprach. Ich musste doppelt so hart arbeiten wie die anderen Schüler, um die deutsche und englische Sprachbarriere zu beseitigen, während meine Mitschüler nur mit Englisch zu tun hatten. Aber der Druck schien zu groß zu sein, denn viele verließen das Programm nach ein paar Monaten.

Lange war es mir aufgrund meiner unzureichenden Deutschkenntnisse peinlich, vor Einheimischen und vor allem Professoren zu präsentieren und zu sprechen. Ich weiß nicht, ob es jemanden gibt, der sich sicher sein kann, vor Dutzenden von Menschen im Rampenlicht zu stehen, nachdem er weniger als ein Jahr Deutsch gelernt hat, nicht einmal alle grundlegenden Wörter kennt, geschweige denn präsentieren auf Hochschulniveau. Auch die Österreicher sprachen für mich mit ihrem starken Wiener Akzent viel zu schnell. Ich konzentrierte mich auf meine Fehler und hatte das Gefühl, dass die Leute mich nicht verstanden. In dieser schweren Zeit fand ich eine neue Freundin in einem hübschen Mädchen, das das gleiche Programm besuchte. Sie hatte ungarische Wurzeln, wuchs aber in Österreich auf. Wir entschieden uns für einen Sprachaustausch. Ich habe ihr Ungarisch beigebracht, und sie hat mir geholfen, auf Deutsch zu sprechen und zu denken.

Als sich unsere finanzielle Situation mit Gavrilo zu verbessern begann, beschlossen wir, unseren Lebensstil nicht zu verbessern. Dies war der Schlüssel zu unserem zukünftigen Erfolg. Also taten wir so, als hätten wir wie im vergangenen Jahr nur die 1.400 Euro im Monat. Wir begannen, den Rest unserer Einnahmen nach und nach zu investieren. Gavrilo hat mir unglaubliche Geschichten über die Zeit erzählt, in der er in seiner Jugend 6.000 Euro pro Nacht ausgegeben hat. Der Gedanke, dass wir in einem Monat nicht so viel zusammen verdienten, störte mich sehr. Es ärgerte mich oft, dass er sich weigerte, diese Immobilie zu verkaufen, weil sie so viel wert war, dass wir den Rest unseres Lebens glücklich hätten leben können, ohne jemals wieder arbeiten zu müssen. Jeder hat Träume. Meine waren ein uriges Landhaus und ein schöner Sportwagen, und Gavrilos Traum war es, die Welt mit einem Katamaran zu bereisen. Wir hätten uns beide Träume sofort erfüllen können, aber stattdessen haben wir weitergearbeitet, nach Möglichkeiten gesucht und einen Ausweg gefunden.

Gavrilo beschloss 2017, in Kryptowährungen einzusteigen, als die große Explosion stattfand und viele Leute darin investierten. Wir haben damals eigentlich keine Kryptowährung direkt gekauft, aber Gavrilo ist gut in der IT und er baute ein Mining-Rig. Wir haben unsere überschüssigen Einnahmen in die Zahlung des Stroms investiert, um das Bergbausystem zu erhalten. (Wenn du nicht verstehst, was ein Mining-Rig ist, kannst du es in meinem zweiten Buch herausfinden.) Ich war manchmal verwirrt, wenn er mit 60 Grafikkarten nach Hause kam, aber er schaffte es immer, neue Rigs zu bauen. Es machte mir nichts aus, weil die Karten viel Wärme abgeben, und Wärme war etwas, das wir im Haus unbedingt brauchten.

Ich habe seine Träume unterstützt, nicht zu viel ausgegeben und schließlich angefangen, zusammen mit ihm zu investieren.

Ich wurde 2018 ein Enthusiast, obwohl ich noch keine Ahnung hatte, wie Kryptowährungen funktionieren. Ich habe ihm gerade Geld über mein Bankkonto mit dem Kommentar *"Ich liebe dich"* geschickt und er hat Bitcoin gekauft. Er erkannte das große Potenzial in der Technologie und wurde mein Bulle, den ich unterstützte. Er machte mich so neugierig, dass ich mein eigenes Kryptowährungs-Wallet eröffnete und am Ende eine Masterarbeit über Kryptowährungen schrieb.

Ab 2018, als ich mein berufsbegleitendes Master-Studium in Finance begann, entwickelte ich auch meine finanziellen Fähigkeiten intensiv und wurde schließlich ein Diamantenhand im Investieren. Anfangs waren wir nur an Kryptowährungen interessiert, haben aber später auch in Vintage-Uhren, antike Gegenstände und vieles mehr investiert, um ein sichereres Portfolio zu schaffen.

Dies ist also die Geschichte, wie wir unser gemeinsames Leben innerhalb von dreieinhalb Jahren von null auf einen sechsstelligen Betrag umgebaut haben. Es waren Gavrilos Prinzipien und meine Befolgung des Lernens und der Anstrengung, mich selbst zu verbessern, die es möglich gemacht haben.

Wenn jemand in eine wohlhabende Familie hineingeboren wird, ist es viel schwieriger, den Wert von Dingen zu erkennen und reiche Kinder vergessen oder unterschätzen oft die wahren Werte.

Die Wertschätzung der Dinge ist ganz natürlich, wenn wir die Erfahrung gemacht haben, darauf zu verzichten. Leider sieht der Lehrplan der Schule nicht vor, uns zu helfen, die Bedeutung der finanziellen Unabhängigkeit zu erkennen. Das Leben hat andere Möglichkeiten, uns zu lehren, uns zu härten und uns entschlossen und stark zu machen.

Bevor ich dieses Buch geschrieben habe, war mein persönliches Ziel, einen finanzbezogenen Beruf auszuüben, und jetzt, mit einem Master-Abschluss in Finance and Economics, habe ich das Vertrauen, dich durch meine eigenen Lebenserfahrungen zu führen. Obwohl ich kein Finanzberater bin, biete ich dir dieses Buch als Leitfaden im Bereich Finanzen an. Du musst jedoch die Verantwortung für deine eigenen Finanzen übernehmen, da alles Geld, das du investierst, dein eigener Verlust oder eigener Gewinn ist. Dieses Buch basiert auf meinem Weg und meinen persönlichen Erfahrungen und ich kann Ihnen versprechen, dass es nicht eines von denen ist, die über *„Wie du deine erste Drop-Shipping-Website oder deinen ersten YouTube-Kanal einrichtest"* geschrieben haben.

Die Denkweise des sparsamen Millionärs basiert auf Selbstentwicklung und finanzieller Verbesserung. Es geht um eine Denkweise, die Ihnen nachhaltige und lebensstilverändernde Ratschläge gibt, wie du aus dem Wohlstand und den Schwierigkeiten anderer lernen kannst, wie du mit einer Art positiver finanzieller Einstellung umgehen und wie du dich vorbereiten kannst. Mit all diesem Wissen kannst du deine gesetzten Ziele viel einfacher erreichen.

Mein Ziel ist es, Menschen zu mehr Zukunftsorientierung und finanzieller Unabhängigkeit zu verhelfen. Diese beiden Schlüsselpunkte können dich glücklich machen und dir helfen, deine Lebensziele schneller als erwartet zu erreichen. Durch die notwendige finanzielle Stabilität kannst du entspannter und stressfreier werden. Du hältst dich vielleicht nicht für einen materialistischen Menschen, brauchst aber trotzdem Geld für deine täglichen Einkäufe. Seien wir ehrlich, du kannst nicht glücklich sein, wenn du hungrig bist. Mit Hilfe von mehr Geld und stabilisierten Finanzen kannst du Lebensmittel von besserer Qualität kaufen, sodass du dir eine längere Lebenserwartung erkaufen kannst.

In die richtige Richtung zu gehen, finanzielle Freiheit zu erlangen und Tag für Tag eine eigene Erfolgsgeschichte zu schreiben, ist nicht immer einfach, ich weiß. Der Anfang ist für die meisten von uns sehr schwer. Auch mein Weg war mit unzähligen Hindernissen gefüllt und ich bin mir sicher, dass ich nicht der einzige bin. Diese Erfahrungen und das gewonnene Wissen ließen mich glauben, dass ich dich auf deinem Weg unterstützen kann, wenn du bereit bist, mich zu begleiten. Ich bin hier, um Ihnen zu zeigen, dass du deine eigenen Prioritäten haben musst, du dein eigener bester Freund bist und dass du deine finanziellen Ziele erreichen kannst, wenn du bereit bist, für sie zu arbeiten. Ohne ernsthafte Anstrengung kommst du nicht dorthin, aber ich kann dir den Weg zeigen. Ich hoffe, du befolgst meinen Rat und wirst ein sparsamer Millionär.

Kapitel Zwei

Der harte Weg, Finanzen zu lernen

Bevor du ein neues Haus baust, musst du das alte abreißen und den Weg frei machen. In diesem Kapitel gehen wir auf einige Einstellungen und Gewohnheiten ein, die du aus deinem Leben streichen musst, damit du mit einer reinen Weste nach vorne gehen kannst.

Falsche Muster wiederholen

Ich denke, wir alle haben ein Familienmitglied oder einen Freund, der enorme Schulden hat oder ein extrem schlecht organisiertes Finanzleben. Ja, genau der! Woche für Woche leihen sie sich Geld von Freunden oder der Bank, oder wenn sie Geld haben, geben sie es für frivole Anschaffungen aus. Warum lernen sie es nie? Nun, das ist es, was ich den *"harten Weg des Finanzlernens"* nenne.

Diese Personen können nicht aus ihren eigenen Fehlern lernen. Du denkst, dass du sie ändern und motivieren kannst, weil sie anfangs sehr positiv erscheinen und du kannst eine momentane Leidenschaft in ihren Augen sehen, ein Zeichen für eine Art von Veränderung. Aber einen Tag später haben sie alle Lektionen vergessen, sie ändern ihre Meinung sehr schnell und kehren zu ihren bequemen, ausschweifenden Gewohnheiten zurück. Anstatt sich ein langfristiges finanzielles Ziel zu setzen, wollen sie den nagelneuen Fernseher für 5.000 Euro haben, um ihn in ihrem geleasten Auto nach Hause zu fahren, während sie auf dem Weg dorthin Zigaretten rauchen. Sie werden auch morgen und jeden Tag danach so handeln, bis es zu spät ist.

Es ist ein ähnliches Muster wie bei einer Diät.

"Ich werde morgen damit anfangen."

Aber sie tun es nie wirklich.

Sie wollen sofortige Befriedigung aus der *"kleinen Box"*. Finanziell unabhängig zu werden ist die schwierigste Box, die es zu durchbrechen gilt - die Box der Selbstbeherrschung. Es ist eine Art menschliche Schwäche. Du kannst keine *"finanzielle Diät"* mit Hilfe des frugalen Millionärs-Mindsets beginnen und dann Ergebnisse erwarten, wenn du den ganzen Tag Schokolade isst. Du musst dir die Mühe machen.

Sich nicht anstrengen

Wenn du dich in dem obigen Beispiel wiedererkannt hast, dass du nie mit einer Diät beginnst, wenn du zwar kurz motiviert bist, aber nie wirklich mit der Diät beginnst, mach dir bitte keine Sorgen, das ist völlig normal. Bitte schließe dieses Buch nicht so schnell, denn wenn du spürst, dass du dich ändern willst, kannst du es tun. Aber nicht ohne Anstrengung!!!

Wir sind von der Natur so konzipiert, dass wir überleben und unser Verhalten ist größtenteils instinktiv. Es ist extrem schwierig, Dinge zu tun, auf die man keine Lust hat oder von denen man eine sofortige Befriedigung sieht. Wir können mit kurzfristigem Stress viel besser umgehen, daher ist langfristige Leistung eine Herausforderung für das menschliche Gehirn. Das ist in unserer Evolution kodiert. Das ist der Grund, warum du Dinge, die du als stressig, mühsam und zwanghaft empfindest, aufschiebst und dir selbst versprichst, dass du sie später tun wirst.

Jeder hat schlechte Tage, das ist ganz natürlich, aber wenn du dich von Montag bis Freitag schlecht fühlst, dann bist du technisch gesehen mehr als 70% deines Lebens unter dem Wetter.

Es gibt Tiefpunkte in unserem Leben, und durch diese Erfahrungen zu gehen, ist ein Teil des Lebens. Ein paar schlechte Tage oder sogar eine längere Zeit zu haben ist völlig akzeptabel, aber es kann nicht ewig so weitergehen und du kannst sie nicht als Ausrede benutzen, um ernsthafte Schritte zur Veränderung deines Lebens zu verschieben. Irgendwann musst du dich deinen Herausforderungen stellen, dich anstrengen und an deiner Entscheidung festhalten.

Giftige Gefühle

Ich respektiere alle Religionen zutiefst, aber sie konzentrieren sich selten darauf, ein sofortiges gutes Leben zu haben. Ich schätze deine Überzeugungen sehr, was auch immer sie sein mögen, und ich hoffe, dass du auf dem Weg zu spirituellem Glück bist, aber ich möchte, dass du den Glauben an die Möglichkeit eines sofortigen guten Lebens hegst. In diesem Fall sprechen wir über deine Finanzen und dein geistiges Wohlbefinden.

Es gibt einige Menschen, die immer über ihre traurigen Kindheitserfahrungen sprechen, und wann immer du sie siehst, hörst du nur ihre negativen Gedanken, die mit Geld zu tun haben, ihre Ängste, Eifersucht oder Kleinlichkeit. Sogar das Wetter scheint gegen sie zu sein, zusammen mit allem anderen.

Nachdem du sie getroffen hast, hast du das Gefühl, tief einatmen zu müssen, um all ihre negative Energie loszuwerden, aber selbst Stunden später fühlst du dich schwindelig und entnervt. Kommt dir das bekannt vor?

Du kannst dir einfach nicht vorstellen, dein Leben für das der anderen zu ändern, nicht einmal für einen Tag. Manche Menschen sind einfach nicht in der Lage, ihr finanzielles Leben zu managen, und sie senden negative Energie aus, selbst wenn du ihnen einen Ausweg zeigst. Aber es gibt auch Menschen, die die ganze Zeit lachen und immer ihr bestes Gesicht zeigen, was manchmal nur eine Maske ist, und sie verbergen ihre wahren Gefühle, was genauso schädlich ist, wie wenn sie depressiv wären.

Giftige Gefühle über dich selbst oder die Welt um dich herum zu haben, ist eine Art mentale Selbstzerstörung. Das ist etwas, was ich auch durchgemacht habe, als ich mich in meinen Teenagerjahren hoffnungslos fühlte. Wenn du das Gefühl hast, dass deine Lasten zu schwer sind, um sie zu tragen, benutzt du jede Ausrede, um dein Leben nicht zu ändern.

Ich bin mir sicher, dass du dir schon oft gesagt hast, dass es aus dem einen oder anderen Grund unmöglich ist, deine Ziele zu erreichen. Vielleicht hasst du einfach Montage und fühlst dich nur freitags und am Wochenende glücklich. Was noch schlimmer ist, ist, dass du dir kein Lebensziel und keine Bucket List gesetzt hast, also technisch gesehen keine Ahnung hast, was du in den kommenden fünf Jahren erreichen willst.

Jeden einzelnen Tag hast du 24 Stunden, und wie du sie verbringst, liegt in deiner Hand. Du kannst 13 dieser Stunden schlafen oder nur 8 oder sogar 6. Wie auch immer, ich bin hier, um dich zu warnen und aufzuwachen.

Nicht nur in den Finanzen, sondern auch in deiner allgemeinen Mentalität, denn diese beiden Dinge gehen Hand in Hand. Mentale Gesundheit ist unabdingbar, um ernsthafte Anstrengungen zu unternehmen, und sie überträgt sich auch auf ein gesundes Finanzleben.

Was würdest du dir sagen, wenn du wüsstest, dass du innerhalb von 365 Tagen sterben würdest? Wie würdest du das letzte Jahr deines Lebens verbringen?

Wenn deine Antwort...

"Zur Hölle... naja... nicht so wie ich es heute mache!" lautet, dann ist dies der richtige Zeitpunkt für Veränderungen!

Ausschließlich auf Geld fokussieren und ausgebrannt sein

Positives Denken und Mindset in der westlichen Kultur ist eine neue Wissenschaft, in die wir gerade erst hineinschnuppern, uns aber noch nicht gut anpassen konnten, so dass wir bereits untröstlich sind, sobald eine einzige Wolke die Sonne verdeckt.

Technisch gesehen reicht es nicht aus, sich in einem Buch nur auf Geld zu fokussieren und ein sofortiges Millionärs-Mindset zu erlangen, um finanziell unabhängig zu werden. Es ist viel komplizierter, deshalb gebe ich dir einfache Beispiele. Die Lösung ist knifflig, denn wenn du nur dem Geld hinterherrennst, könntest du ausbrennen, oder du hast es schon und kannst leicht den Verstand verlieren.

Ausbrennen bedeutet, dass du dein hart verdientes Geld nicht so genießen kannst, wie du es eigentlich solltest. Arbeiten und sich selbst hart pushen werden bedeutungslos, auch wenn du Tag für Tag dein fettes Bankkonto überprüfen kannst. Ja, du hast richtig gehört, wenn du ausgebrannt bist, hast du Angst, dein Geld zu deinem eigenen Vergnügen auszugeben.

Der harte Weg, Finanzen zu lernen, bedeutet, dass du NUR aus deinen eigenen Fehlern lernen kannst.

Es basiert auf deinem allgemeinen Verständnis. Oft lernen wir die Lektion nicht beim ersten Mal und fahren immer wieder die falsche, aber bekannte Straße entlang. Aber im Business musst du aufstehen und aus deinen Fehlern lernen. Versuche, die negativen Energien aus deinen letzten Projekten und finanziell unglücklichen Vorfällen nicht mitzunehmen. Kannst du dir einen CEO oder CFO vorstellen, der über eine schlechte finanzielle Entscheidung weint und wochenlang zu Hause bleibt, ohne sich um die nächste Geschäftsmöglichkeit zu kümmern? Diese Art von Verhalten würde einem Unternehmen enormen Schaden zufügen.

Warum also folgen Sie nicht diesem Muster, das normale Menschen tun? Weil sich die Welt heutzutage schnell verändert und es keine Zeit gibt, über verschüttete Milch zu weinen. Diejenigen, die mutig genug sind, das Gaspedal auf der Überholspur zu drücken, werden von den neidischen Augen derjenigen beobachtet, die sich nicht trauen, schneller als 60 km/h zu fahren. Diese Mutigen sind in der Lage, schnell zu reagieren und sich die besten Strategien und Szenarien auszudenken, um ihre Zukunft zu beeinflussen. Sie sind nicht perfekt und sie machen auch Fehler, aber mit der Fähigkeit, aus ihren Fehlern zu lernen, können sie auf ihrer eigenen Reise weiterfahren. Von den lösungsorientiertesten Menschen zu lernen und sich zu bemühen, die besten Szenarien zu finden, ist immer die richtige Entscheidung.

Zeitkiller, Social Media & Co.

Es ist ein Klischee, aber sehr wichtig, sich daran zu erinnern. Heutzutage sind wir buchstäblich an unsere Handys gebunden. Telefone sind praktische Werkzeuge. Wir speichern unser ganzes Leben auf unseren Handys; Bankkonten, Buchungen, Bestellungen und Versandinformationen, Nachrichten, Weihnachtsfotos, Videos von unseren Kindern, persönliche Kalender, E-Mails. Hast du jemals darüber nachgedacht, was passieren würde, wenn du dein Telefon verlieren würdest? Es würde sich anfühlen, als hättest du ein Stück von dir verloren, und du würdest wie verrückt dein Zuhause durchsuchen, um es zu finden. Wenn du ein Social-Media-Typ bist, hast du vielleicht manchmal das Gefühl, dass du eine ganze Stunde, einen ganzen Nachmittag, einen ganzen Tag, ein ganzes Wochenende damit verschwendet hast, die Nachrichten auf deiner Facebook-Pinnwand zu scrollen oder Instagram oder vielleicht TikTok zu checken. Aber auch wenn du kein Social-Media-Nutzer bist, schaust du YouTube, spielst Spiele, liest in Foren oder schaust die ganze Nacht Filme. Oder du hast einen Fernseher, der laut läuft, wenn du zu Hause bist, und schaust die ganze Zeit deine Lieblingsserie. Das sind echte Zeitfresser. Wenn du erfolgreich sein willst, musst du Prioritäten setzen. Wenn du eine Mission hast, kannst du sie nicht erfüllen, indem du faul bist.

Wenn du das Mindset eines Millionärs hast, musst du mit deiner Freizeit sparsam umgehen.

Unser soziales Leben hat sich sehr verändert, aber es ist besser, sich darauf zu konzentrieren, gute Zeiten mit deinen echten Freunden zu verbringen. Sich auf dreihundert Facebook-Freunde zu konzentrieren, ist nicht möglich und am Ende des Tages ist es egal, wer mehr Likes auf seinem Profil hatte. Die Gesellschaft misst Erfolg jetzt mit Likes, aber du musst dich daran erinnern, dass dies nur eine Illusion ist. Du kannst es tun, aber nur zum Spaß, aber du kannst deinen persönlichen Wert nicht durch Likes messen. Du kannst auf deinem Handy überprüfen, wie viel Zeit du auf Social Media verbringst. Wenn es hoch ist, wie z.b. 5 Stunden täglich, musst du überdenken, ob das deinem Leben einen wirklichen Wert hinzufügt oder ob es nur eine Verschwendung deiner Zeit ist, und du wirst am Ende deinen Bekannten gegenüber beklagen, dass du keine Zeit hast.

Manchmal sind wir neidisch auf Menschen, die genug Zeit haben, um Dinge zu tun, die wir nicht tun, aber wir erkennen nicht, dass die Zeit, die wir mit faulen Aktivitäten verbringen, sie für ihren eigenen Erfolg nutzen.

Sei ehrlich zu dir selbst. Bist du zu viel auf Social Media? Wie könntest du deine Zeit auf Facebook produktiver gestalten? Vielleicht bekommst du ein paar neue Ideen, um dich in Gruppen einzubringen, die dir bei deiner finanziellen Entwicklung helfen. Soziale Medien sind das Juwel der Gemeinschaftsbildung. Du kannst dich in Sekundenschnelle mit Menschen, mit ähnlichen Interessen, verbinden und musst nicht auf ein persönliches Treffen warten. Du kannst in Sekundenschnelle Informationen und Wissen erhalten, auf das du nie gekommen wärst. Anstatt abends vor dem Schlafengehen die Zeitleiste oder Bilder auf deinem Handy zu durchstöbern, überlege dir, welches nützliche Hobby du beginnen könntest, das dich in deiner finanziellen Entwicklung voranbringt. Die Plattform ist nicht das eigentliche Problem, es geht darum zu lernen, sie richtig zu nutzen. Social Media Plattformen sind nützliche Dinge. Du kannst sehen, wie es deinen Freunden und deiner Familie geht, du kannst überprüfen, ob alles in Ordnung ist und du kannst wichtige Momente mit ihnen teilen. Aber nutzt du Social Media nur zum

Spaß und zum Anschauen von Katzenvideos? Wie wählst du die Inhalte aus, die du konsumierst?

Wenn du dich mit negativen Nachrichten füllst und deine Zeit damit verbringst, Verschwörungstheorien zu hören, wird das viel von deiner Energie verbrauchen, was sich negativ auf deinen finanziellen Erfolg auswirkt, weil du dich in ein negatives Mindset versetzt. Wenn du in sozialen Medien unterwegs bist, musst du dir die Zeit nehmen, alle gegnerischen Feeds zu entfolgen, die dir deine Zeit rauben und dich verwirrt, neidisch oder unglücklich machen. Suche dir neue positive Gruppen und Menschen, mit denen du dich verbinden kannst. Dies sind die Schritte, die du unternehmen musst, um deine schlechten Gewohnheiten zu reformieren. Aber du musst bei deiner Entwicklung zuerst bei dir selbst anfangen.

Dabei geht es nicht nur um Social Media, sondern auch um andere schlechte Gewohnheiten, die uns viel Zeit rauben. Du musst verstehen, dass du deine freie Zeit so nutzen musst, dass sie Sinn macht und die Möglichkeit eröffnet, dass Ideen in dein Leben fließen.

Entwicklung braucht oft eine Menge Energie. Ich weiß, dass es Momente geben kann, in denen du das Gefühl hast, dass du erfolglos bist und dich nicht mehr bewegen kannst. Aber das sind die Momente, in denen du gehen und zu dir selbst finden musst, trotz der Tatsache, dass Schwäche und Erschöpfung Teil deiner Selbstentwicklung sind. Denke daran, dass finanziell erfolgreiche Menschen nicht glücklicher sind als du, sondern prinzipientreuer, und sie haben gelernt, härter zu kämpfen.

Fühle dich reich und entspannt für EINEN TAG, aber denke daran, dass du am NÄCHSTEN Tag Gas geben musst!

Wie ich die Änderung vorgenommen habe

Als kleines Kind war ich ein schrecklicher Schüler und habe oft bei Schultests geschummelt, weil ich keine Motivation zum Lernen hatte. Im Nachhinein sehe ich, dass das Problem war, dass ich damals nicht wusste, wie man lernt. Ich war jung und wollte nur spielen, wie jedes andere Kind auch. Es war niemand da, der mir beigebracht hätte, dass Lernen auch spielerisch sein kann. Ich kann mich an einen Sommer erinnern, als ich 10 war, da mussten wir ein 700-seitiges Buch lesen. Ich las nur jede zehnte Seite, weil ich es verachtete, Bücher zu lesen. Meine Eltern stellten Nachhilfelehrer für mich ein, damit ich bei den Prüfungen nicht durchfalle. Meine Mutter war enttäuscht von mir, weil meine Noten so schlecht waren, und ich habe mich geschämt. Aber zur gleichen Zeit versuchte ich alle möglichen außerschulischen Aktivitäten. Ich war in allen Sportteams, machte einige hervorragende Schulprojekte, aber nichts konnte mich länger als ein paar Wochen fesseln.

Als ich 16 war, war ich so verloren, dass ich plante, die Highschool ganz sein zu lassen und ins Ausland zu gehen, um als Zimmermädchen oder Kellnerin in Hotels etwas Geld zu verdienen. Ich wollte in die österreichischen Skigebiete in Tirol ziehen, um genug Geld zu verdienen, damit ich später zurückziehen und mir ein Haus in Ungarn kaufen konnte. Das war die einzige Idee, die mir damals einfiel, aber ich hatte keine wirklichen Ziele oder Leidenschaften. Als ich meinen Eltern meine Pläne erklärte, wollten sie nichts davon hören. Natürlich erlaubten sie mir nicht, die Schule zu schwänzen und mein Vater bestand darauf, dass ich die High School beenden sollte. Das machte mich sehr wütend und ich ärgerte mich immer wieder darüber, zur Schule zu gehen, bis mein Schlittschuhunfall passierte. Ich hatte eine Kopfverletzung und lag zwei Wochen lang im Krankenhaus. Durch den Unfall wurde mir klar, dass ich nichts lernen würde, wenn ich weiterhin bei den Tests schummeln würde, also würde ich im Grunde meine ganze Zeit verschwenden. Ich begann zu lernen und arbeitete hart, um mich auf meinen nächsten Geschichtstest vorzubereiten. Ich erinnere mich, wie sich meine schulischen Leistungen verbesserten, als sich meine Selbstmotivation und meine Lebensziele änderten. Ich fing an, hart zu lernen, aber ich hatte keine Leidenschaft für irgendetwas, und auch nach diesem lebensverändernden Unfall traten diese ziellosen Gefühle oft wieder auf, bis ich 22 wurde. Trotzdem pushte ich mich immer mehr. Ich wurde zum Perfektionisten, doch Arbeit und Studium halfen mir nicht, meinen Weg zu finden. Bis zur Universität habe ich alles so gemacht, wie es von mir erwartet wurde, ohne bei meinen Prüfungen zu schummeln.

Aber ich lernte meine Lebenslektionen auf die harte Tour an der Universität. Einmal hatte ich eine lausige Lerngruppe, mit der ich arbeiten musste, und wir schummelten. Ich wollte nicht mitmachen, aber die anderen zwangen mich und ich hatte nicht die Willenskraft, nein zu sagen. Ich wollte ihnen auch helfen und ein Teamplayer sein. Der Professor merkte, was wir getan hatten. Die anderen versuchten, ihre Spuren zu verwischen, aber ich war ehrlich und nahm die ganze Schuld auf mich. Ich entschuldigte mich, was der Professor akzeptierte, weil er mein ethisches Verhalten schätzte, und wir alle bestanden am Ende des Semesters. Wir alle treffen schlechte Entscheidungen im Leben, aber es kommt darauf an, wie oft wir sie wiederholen und wie wir sie auf lange Sicht ausmerzen.

Heute, als junger Erwachsener, erkenne ich, dass ich es damals war, der die Grenzen dessen, was ich erreichen konnte und was nicht, geschaffen hat und ich mich nur als Spiegel der Welt, die ich erlebt hatte, verhielt. Meine feindselige Umgebung hat mich tiefgreifend beeinflusst. Mit der Zeit werden wir alle weiser, und je früher wir erkennen, dass wir unsere Grenzen zerstören und uns neu formen müssen, desto eher können wir ein besseres Leben erreichen. Je früher wir aufwachen, desto schneller können wir den Kurs unserer finanziellen Richtung ändern.

Du hast keine Ahnung, wie viele Menschen ich in ihren Vierzigern und Fünfzigern getroffen habe, die ihr Bedauern darüber ausgedrückt haben, einen hedonistischen Lebensstil gelebt zu haben, ohne an die Zukunft zu denken. Bitte erinnere dich an etwas Wichtiges, wenn du älter bist. Es ist nie zu spät, sich zu ändern. Also befreie dich von deinen mentalen Grenzen. Neunzig ist das neue Sechzig. Du bist immer noch jung.

Kapitel Drei

Der einfache Weg, Finanzen zu lernen

Was auch immer dein Ziel im Leben ist, du musst dir darüber im Klaren sein und es zu Papier bringen, sonst kannst du leicht vom Weg abkommen.

Etwas zu finden, für das du dich begeistern kannst, macht es viel einfacher, es zu erreichen. Auch ich habe lange Zeit ohne Ziele und Visionen gelebt, bis mir klar wurde, wofür ich leidenschaftlich bin. Erfolg ist viel einfacher, wenn Leidenschaft im Spiel ist. Wenn du in der Lage bist, eine Vision davon zu entwickeln, wer du werden willst, zögere nicht, es anzugehen, aber denke daran, dass es harte Arbeit ist. Zuerst solltest du dir überlegen, wie du es erreichen kannst. Niemand kann diesen Plan machen, außer du. Wenn du in der Lage bist, dir einen Plan auszudenken, hast du bereits einen sichtbaren Weg geschaffen, um voranzukommen und es zu erreichen. Aber erinnere dich daran, was meine weise Oma einmal sagte:

"Du kannst nur Geld sparen, wenn du es hast, und das Schwierigste ist, es zu behalten. Es auszugeben dauert einen Wimpernschlag, aber dann hast du keine Ressourcen mehr, um dein nächstes, größeres Ziel zu erreichen."

Die richtige Einstellung haben

Welche deiner imaginären Brillen hast du heute Morgen aufgesetzt? Die dunkle, die alles negativ erscheinen lässt, die die Welt als einen schrecklichen Ort und dein Leben als furchtbar darstellt? Oder die helle, die dir zeigt, dass dein Leben schön und voller Möglichkeiten und Lösungen ist und dich inspiriert, deinen Weg weiter zu gehen?

Behandle dich selbst mit positiven Gedanken, denn wenn du dich mit Negativität umgibst, dann wirst

du keine geistige Kraft haben, um vorwärts zu gehen und das Erreichen deiner Ziele wird dir unmöglich erscheinen.

Der erste Schritt ist, die Willenskraft zur Veränderung zu haben. Einerseits kannst du nicht von anderen Menschen erwarten, dass sie dein Leben verändern und dir durch Schwierigkeiten helfen. Auf der anderen Seite ist es eine Herausforderung, aus negativen Gedanken ein positives Ergebnis zu erzielen. Wenn es um finanzielle Verbesserungen geht, ist offenes Denken entscheidend, denn sonst blockierst du deine eigenen Ideen. Es ist eine menschliche Natur, anderen Menschen die Schuld zu geben, wenn wir versagen, wenn wir nicht bereit sind, die Verantwortung für unsere Fehler zu übernehmen oder wenn wir nicht in der Lage sind, bestimmte Lebensumstände zu verlassen, ohne verletzt zu werden. Lerne aus deinen vergangenen Fehlern und glaube an dein zukünftiges Glück. Es gibt nichts anderes, was du im Moment tun musst, als dich auf die positive Seite des Lebens zu konzentrieren und hart für deine Ziele zu arbeiten. Vergiss das Wort *"Problem"*, beginne niemals einen Satz mit *"das Problem ist"* und konzentriere dich stattdessen auf die Lösungen.

Negative Einstellungen sind heutzutage weit verbreitet und ich habe viele wohlhabende Menschen mit einer negativen Denkweise getroffen. Man kann reich und voller Negativität sein, aber ich gehe davon aus, dass diese Menschen in der Regel nicht reich geworden sind, indem sie freudig gearbeitet oder ihre Möglichkeiten erweitert haben. Sie haben ihren Reichtum auf eine brutale Art und Weise erlangt, mit Schweiß und Tränen, und sie haben Probleme, wie zum Beispiel in ständiger Angst zu leben, ihr Geld zu verlieren. Sie sind keine genügsamen Millionäre, sondern die stacheligen Millionäre.

Bleib ruhig und lerne aus den Fehlern der anderen

Wenn es einen harten Weg des Lernens gibt, dann sollte es auch einen leichten Weg des Lernens geben. Wie meine weise Oma immer zu sagen pflegte: *"Die Dummen lernen aus ihren eigenen Erfahrungen, und die Weisen schauen den Dummen nur zu und lernen aus ihren Fehlern."* Wie genial war die einfache Erklärung meiner lieben Oma über das Lernen auf die harte Tour über das Leben und die Finanzen.

Mit anderen Worten:

Wiederhole nicht ständig die gleichen Fehler und versuche, aus den Erfahrungen anderer zu lernen.

Natürlich ist das leichter gesagt, als getan. Anderen einen Rat zu geben, ist immer einfacher, weil du ihre Situation von einem objektiven Standpunkt aus siehst. Aber wenn du selbst im Zentrum des Problems stehst, wirst du es vielleicht nicht erkennen, geschweige denn die beste Lösung finden. Deine eigenen Probleme zu lösen scheint immer schwieriger und manchmal sogar unmöglich zu sein.

Es gibt bestimmte Berufe, wie z.b. Chirurg, Richter, Politiker, Pilot oder Investor, in denen du gezwungen bist, schnelle Entscheidungen zu treffen, und du darfst keine Fehlentscheidungen treffen, sonst musst du die Konsequenzen tragen. Diese Fehler könnten deine finanzielle Stabilität verändern, indem du deine Lizenz oder deinen Ruf verlierst. Ich möchte dich daran erinnern, dass Geduld ein exzellentes Werkzeug ist, um Fehler im Leben zu eliminieren, finanzielle Fehler eingeschlossen. Wenn du also nur wenig Zeit hast, um eine Entscheidung zu treffen, empfehle ich dir, tief durchzuatmen und bis zehn zu zählen. Wenn du bereits darauf trainiert bist, Entscheidungen innerhalb von Sekunden zu treffen, dann könnte es schwieriger für dich sein, dich an die Zehn-Sekunden-Regel zu erinnern.

Techniken zur Entscheidungsfindung

1. Wenn du dich in einer stressigen Situation befindest, musst du bis Zehn zählen und einige tiefe Atemzüge machen. Gib erst danach Antworten und triff Entscheidungen.

2. Es ist immer am besten, über eine große Entscheidung zu schlafen, wann immer du die Chance dazu hast. Plötzliche Entscheidungen können zu Fehlern führen. Mit einem frischen Geist wirst du die Dinge aus einer anderen Perspektive sehen und deine übereilte Entscheidung bereuen.

3. Ein weiterer einfacher Weg, der dir bei deinen finanziellen Entscheidungen helfen wird, ist es, ein tiefes, klares und breites Verständnis von Finanzen zu erlangen. Nutze deine Freizeit, um etwas über Finanzen zu lernen, lese Bücher wie dieses oder schaue dir YouTube-Videos zu diesem Thema an.

4. Das Feld der Investitionen ist ein riesiges Thema und du musst die Grundlagen verstehen, wie z.b. die Erstellung eines Portfolios und die Psychologie von Investitionen. Du kannst alles ausprobieren, was du inspirierend oder finanziell vielversprechend findest, aber bevor du handelst, musst du genug Zeit investieren, um genau zu verstehen, was du tun musst.

5. Die Don't Panic Methode bedeutet einfach, dass du nicht aus Panik verkaufst - UND NICHT AUF DEINE ANGST HÖRST. Wenn es scheint, dass du an einem Tag Geld verlierst, dann gerate

nicht in Panik, du könntest es am nächsten Tag verdreifachen. Geduld und sich in das Thema einzuarbeiten ist essentiell, niemand wird es für dich lernen.

Sei zuverlässig!

Wenn du finanziell erfolgreich sein willst, musst du die Person werden, mit der du selbst gerne Geschäfte machen würdest.

Behalte im Hinterkopf, dass, egal was dein Geschäft ist, schlechte Nachrichten über dich und dein Geschäft sich immer schneller verbreiten als gute Nachrichten. Wenn du dich im Geschäft nicht korrekt verhältst, werden deine Geschäftspartner unweigerlich verschwinden.

Lass uns ein Beispiel nehmen. Du hast ein Treffen mit einem Partner oder Partnern. Sei nicht frustriert, wenn du zu spät zu einem Termin kommst, aber stelle sicher, dass du sie anrufst und sie benachrichtigst, denn ihre Zeit zu verschwenden, sieht nicht nur schlecht auf dich aus, sondern es macht sie ungeduldig und verurteilend. Diese kleine Geste stärkt deine Glaubwürdigkeit. Natürlich gibt es Situationen im Leben, die wir nicht vermeiden können und die es unmöglich machen, die Mitglieder rechtzeitig über das Treffen zu informieren. In diesem Fall vergiss nie, dich zu entschuldigen und gib immer die Gründe für deine Verspätung an. Lerne, dich wie ein VERANTWORTUNGSBEWUSSTER ERWACHSENER zu verhalten.

Investoren und Kunden suchen nach Unternehmen und Menschen, denen sie vertrauensvoll ihr Geld anvertrauen können.

Im Geschäft geht es nicht nur um Finanzen, sondern auch um Vertrauen. Bleibe also immer zuverlässig, komme pünktlich, beende Projekte pünktlich und kommuniziere alle Änderungen im Projekt, die zu Verzögerungen oder anderen Veränderungen führen könnten. Du musst lernen, als zuverlässige und vertrauenswürdige Person zu kommunizieren, um langfristig mehr Geschäftsmöglichkeiten zu erhalten. Denke immer daran, je größer das Vertrauen ist, desto mehr Geschäfte wirst du dir sichern. Dein Wort ist dein Versprechen.

Kapitel Vier

Übernimm die Kontrolle über deine Ausgaben

Dein Ziel ist es, Reichtum aufzubauen, auch wenn du in deinem Job nicht außergewöhnlich viel Geld verdienst. Du kannst dir einfach nicht vorstellen, wie jemand wie du jemals Hunderttausende oder gar Millionen auf deinem Bankkonto haben wird. Du weißt, dass es Geld braucht, um Geld zu verdienen, aber du hast nichts davon. Also ist der erste Schritt natürlich, etwas Kapital anzusparen. In diesem Kapitel zeige ich dir, was du tun kannst, um dein Kapital aufzubauen, indem du den Lebensstil und die Einstellung eines sparsamen Millionärs annimmst.

Sparsam De-Mon

Das Wort *"sparsam"* hat einen negativen Beigeschmack. Stellen wir uns diesem De-Mon, diesem Wort, das du nicht werden willst, weil du denkst, wenn du dich auf diesen Weg begibst, musst du von heute an alles aufgeben, was du liebst, und du wirst 30 Jahre lang unglücklich sein. Lass mich raten... die Worte, die du mit Sparsamkeit verbindest, sind: billig, schäbig, minderwertig, alt, abgenutzt, Verzicht auf jede Art von Spaß, kein Urlaub, keine Leckereien... hmm, bin ich nah dran?

Ein sparsamer Millionär zu sein, bedeutet nicht, dass du auf schöne Dinge verzichten musst.

Bleiben wir bei dem Kaffee-Beispiel. Nehmen wir an, du bist ein großer Kaffeetrinker und du gibst zu viel Geld für diese Angewohnheit aus. Investiere in eine schöne Thermoskanne, aus der du gerne jeden Tag deinen Kaffee trinkst, und koche dir von da an deinen eigenen Kaffee. Dein Image muss nicht darunter leiden. Du kannst stilvoll und umweltfreundlich sein und gleichzeitig Geld und Ressourcen sparen.

Übernimm diese Denkweise in alle Bereiche deines Lebens und du wirst die Grundlage für ein sichereres Leben schaffen. Alles, was es braucht, ist ein Ziel und die Willenskraft, es durchzuziehen.

Sparsame Millionäre fangen nicht immer zu Hause an

Zuhause. Dein schöner, süßer und gemütlicher Ort. Egal, wo oder mit wem du auf dieser Welt lebst, ob du alleine oder in einer großen Familie lebst, das ist deine Basis. Es gibt bestimmte Dinge, die du von zu Hause mitbringst, Dinge, die du erlebt hast, die Art, wie deine Eltern gelebt haben. Es kann sein, dass deine Eltern schlechte finanzielle Gewohnheiten hatten und das ist alles, was du kennst.

Ich habe gute Nachrichten für die jungen Leser, die noch zu Hause wohnen. Wenn du das Nest verlässt, kannst du entscheiden, was du mit deinem eigenen Leben anfangen willst und musst nicht unbedingt in die Fußstapfen deiner Eltern treten. Du kannst das Muster einfach ändern, denn es ist nicht die einzige Art zu leben.

Setze deine eigenen Ideen um

Ich persönlich hasse es, Fernsehen zu schauen. Seit ich klein war, erinnere ich mich daran, dass ich meine Lieblingsserie schauen musste und dabei 10 Minuten gehirngewaschene Werbung ertragen musste. Ich habe früh erkannt, dass ich nicht wollte, dass mir jemand sagt, welches Shampoo oder welche Zahnpasta ich benutzen soll. Ich wollte nicht beeinflusst werden, und ich wollte nicht doppelt so lange einen Film schauen. Nachdem ich ausgezogen bin, habe ich das Fernsehen hinter mir gelassen und bin auf YouTube umgestiegen, was ein modernes Wunderwerk ist. Du kannst dort alle Arten von Informationen finden, aber du musst dir Zeit nehmen, um einige gute Vorbilder zu entdecken. Außerdem solltest du lernen, dich selbst zu kontrollieren und nur sinnvolle Inhalte zu schauen. Ich werde keine Kanäle empfehlen, denn wenn ich damit anfangen würde, würde dieses Buch niemals enden. Wir alle haben unseren eigenen Geschmack und schauen uns gerne unterschiedliche Themen und Content Creators an. Wähle jemanden, der dir hilft und dich in deinen Finanzen motiviert, und du wirst viel von ihm lernen. Außerdem musst du auch die anderen Gewohnheiten deiner Eltern nicht akzeptieren.

Fangen wir mit den Alltagsroutinen an. Geh nicht jeden Tag einkaufen, wie es deine Mutter getan hat. Kaufe wöchentlich ein, denn das ist billiger als täglich einkaufen zu gehen, weil du dich nicht dazu verleiten lässt, dein Geld für all die Sonderangebote auszugeben und du hast auch mehr Freizeit. Ich habe nie verstanden, warum meine Eltern immer nur eine Packung Kaffee gekauft haben und sich wöchentlich Stress wegen der nächsten lebensnotwendigen Portion gemacht haben. Wenn es etwas ist, das du regelmäßig brauchst, dann fang an, in großen Mengen zu kaufen. Achte auf die Sonderangebote, denke an Winterkleidung im Sommer und umgekehrt.

Achte auf jeden Cent!

Warum kaufst du nicht gebrauchte Kleidung, da sie viel billiger und besser für die Umwelt ist, und die meisten von ihnen noch praktisch neu sind? Das Geld, das du auf diese Weise sparst, kann in deine Investitionen fließen. Hat dein Vater schon einmal Glühbirnen gegen umweltfreundliche und langlebige Energiesparlampen ausgetauscht? Mach es in deinem eigenen Zuhause. Oder haben deine Eltern vielleicht einen Kühlschrank auf Kredit gekauft? Dann mach auf jeden Fall das Gegenteil. Einen gebrauchten zu kaufen ist budgetschonender. Kümmere dich nicht darum, was andere sagen, reinige ihn ordentlich, und er wird seinen Zweck erfüllen. Es gibt eine Menge Zeug für umsonst oder für sehr wenig Geld, das du in Facebook-Gruppen, auf Flohmärkten, auf spezialisierten Webseiten oder einfach auf der Straße schön verpackt finden kannst. Wann immer ich etwas Nützliches finde, hebe ich es ohne Schamgefühl auf. Ich war mir nie zu schade, meine Hände zum Putzen zu benutzen, auch wenn ich in einer Villa lebe, wenn es bedeutet, Geld zu sparen. Ich habe meinen Staubsauger umsonst bekommen, aus zweiter Hand und er funktioniert genauso gut wie ein nagelneuer. Schaffe dir immer wieder Überschüsse für deine Investitionen.

Große Träume, die wahr geworden sind, haben alle mit kleinen Schritten begonnen, wie dem Schließen eines tropfenden Wasserhahns. Wage es, kleine Schritte zu machen. Du musst die Bereiche ausfindig machen, in denen Geld aus deinem Portemonnaie fließt. Bevor du einen Kauf tätigst, prüfe, ob es eine Möglichkeit gibt, den Gegenstand gebraucht zu bekommen, oder sei geduldig und warte auf ein gutes Angebot. Es schockiert mich immer wieder, wenn mir Leute von den Kreditkartenschulden erzählen, die sie aufgrund ihrer Ausgabengewohnheiten angehäuft haben. Bitte beherzige mein Wort und erlaube dir nicht, ein Kaufjunkie zu werden. In diesem Kapitel muss ich auch Abonnements erwähnen. Sie sind Portemonnaie-Killer, also abonniere sie nur, wenn es etwas ist, das du regelmäßig nutzt und kündige sie, sobald du sie nicht mehr brauchst.

Wenn du zum Beispiel oft bei Amazon bestellst, dann ist eine Prime-Mitgliedschaft eine gute Investition, damit du die Versandkosten sparen kannst. Aber wenn es eine Seite gibt, auf der du dich zwei Jahre lang nicht einmal eingeloggt hast und dein Mitgliedsbeitrag automatisch von deinem Konto abgebucht wird, dann ist es an der Zeit, dieses Abo zu kündigen.

Wach auf, die Zeit, ein sparsamer Millionär zu werden, ist JETZT. Nimm dir die Zeit, um diese gebrauchten Waren umsonst oder fast umsonst zu ergattern. Du musst es als eine nachhaltige Lebensweise betrachten, die dir helfen wird, deine finanziellen Ziele zu erreichen. Du wirst einen viel bedeutenderen Teil deines verdienten Einkommens behalten und etwas Kapital schaffen, und das wird dich stolz auf dich machen. Wenn du in einer Umgebung lebst, in der es nicht akzeptabel ist, gebrauchte Gegenstände zu benutzen, musst du prüfen, ob du am richtigen Ort bist. Wenn du dir neue Dinge kaufst, fühlst du dich vielleicht im Moment gut, aber wenn du etwas zusätzliches Kapital sparst, wirst du auf lange Sicht mehr Freiheit haben.

Stecke alles aus, was du nicht benutzt. Das kann dir bis zu 30% an Strom sparen. Auf der einen Seite sparst du Energie, auf der anderen Seite kannst du dieses zusätzliche Geld in deine Zukunft investieren. Investiere in eine energiesparende Glühbirne und genieße die langfristigen Vorteile. Lass das Wasser nicht zu lange laufen, halte deine Duschen kurz, du wirst dadurch zwar nicht sauberer, verschwendest aber wertvolles Wasser. Halte den Wasserverbrauch auch in der Küche niedrig. Es ist kein Platz für die Verschwendung von Ressourcen und Geld. Wenn du ein wenig rechnest, wirst du feststellen, dass es eine Menge ausmacht, wenn du das Wasser jedes Mal für 20 Sekunden laufen lässt. Du verschwendest jeden Monat hunderte von Litern sauberes Wasser, das du eigentlich nie brauchst, aber trotzdem musst du dafür bezahlen.

Kaufe keine neuen und teuren Designerstücke. Viele junge Leute mögen es, modisch zu sein und ihre neuesten Markenoutfits zur Schau zu stellen. Du wärst schockiert, wenn du den Wert aller verschwenderischen Käufe zusammenrechnen würdest, die nur im Regal verstauben, sobald sie aus der Mode gekommen sind. Tu das nicht. Vermeide die Verlockungen aller unnötigen Einkäufe. Andere schlechte Angewohnheiten, die eine Menge Geld kosten, sind das Rauchen, das Trinken in Bars und das Sammeln von Dingen, die kein Potenzial haben, sich in eine Investition zu verwandeln.

Lebe unter deinem Durchschnitt

Wie viel du verdienst, ist nicht der einzige Faktor, der bestimmt, wie viel du sparen wirst. Es sind deine Lebensstil-Entscheidungen, die den entscheidenden Unterschied machen werden.

Um ein sparsamer Millionär zu werden, musst du danach streben, deine Ausgaben niedrig zu halten, auch wenn du dir einen höheren Lebensstandard leisten könntest. Als Menschen glauben wir, dass wir, wenn wir mehr verdienen, auch mehr Geld machen, und wir wollen unseren Durst mit einem größeren Auto oder einem größeren Haus stillen. Aber wir vergessen oft, dass diese Anschaffungen langfristige Entscheidungen sind. Deinen Lebensstil zu verbessern bedeutet, dass du nie genug Bargeldreserven haben wirst, falls dein Einkommen sinkt. Denke daran, dass Menschen mit erhöhtem Einkommen oft in die Schuldenspirale geraten.

Nehmen wir ein Beispiel von zwei Personen, die unterschiedlich viel verdienen. X verdient 2.000 im Monat, Y verdient 4.000 im Monat. X hat einen Mitbewohner, fährt einen Gebrauchtwagen, kocht zu Hause usw. und spart 300 im Monat. Y wohnt in einer größeren Wohnung, mietet ein Auto, hat eine hohe Versicherung, geht regelmäßig essen, kauft Designerklamotten und spart nicht nur nicht, sondern häuft Kreditkartenschulden an. In der Zwischenzeit hat X 3.600 pro Jahr gespart, während Y für seine Lebensstilentscheidungen bezahlt hat. Wenn X seinen Job verliert, hat er das Sicherheitsnetz von ca. 2 Monatsgehältern. Aber wenn Y seinen Job verliert, wird es eine sehr schmerzhafte Situation sein, denn es wird kein Notfallpaket geben, um den gleichen Lebensstil zu leben.

Lebst du über deine Verhältnisse? Wie viel Geld könntest du sparen, wenn du in eine andere Nachbarschaft oder Wohnung ziehen würdest? Fährst du ein Auto, das du dir nicht leisten kannst, um andere zu beeindrucken oder um dich selbst besser über dein Leben fühlen zu lassen? Sei ehrlich zu dir selbst, wenn du diese Fragen beantwortest.

Versuche nicht, den Erwartungen deiner Familie und Freunde gerecht zu werden

Deine Familie und Freunde könnten vorschlagen, dass du nach dem College einen Kredit oder ein Darlehen aufnimmst, obwohl du noch nicht einmal mit der Rückzahlung deines Studentenkredits begonnen hast. Sie glauben vielleicht, dass du ein großes Haus, ein schönes Auto, als Teil deines sozialen Status kaufen solltest. Bevor du diese Entscheidung triffst, überlege dir, ob du wirklich in die Mausefalle rennen willst, wie es 90% der Menschen tun.

Nehmen wir das Beispiel der Autos. Wenn du ein günstiges Auto kaufst, das du dir auch ohne Kredit leisten kannst, dann wird dir das auf lange Sicht einen Vorteil verschaffen. Berücksichtige Faktoren wie die Kosten für die Versicherung, die Größe des Benzintanks und die Kosten für den jährlichen Service. So solltest du die Anzahl deiner Versicherungen auf das Minimum reduzieren, nur die nötigsten Versicherungen und eine Grundabsicherung für den Fahrer behalten. Das bedeutet auch, dass du vorsichtiger fahren musst und Tickets aller Art vermeiden solltest. Das Geld, das du auf diese Weise gespart hast, kannst du in deine Träume, deine finanzielle Bildung, dein Geschäft, Aktien oder andere langfristige Investitionen investieren.

Kontrolliere deine Ausgaben

Als ich 18 Jahre alt war, hatte ich nicht so viel Geld, wie ich gerne gehabt hätte. Ich gab zu viel Geld für unnötige Dinge aus, um mich besser zu fühlen, und fühlte mich oft schuldig, weil ich nicht genug Geld gespart hatte. Als ich im ersten Jahr anfing, meine Ausgaben zu verfolgen, konnte ich meinen Augen nicht trauen.

Ich habe in diesem Jahr 4.000 Euro für nichts von nennenswertem Wert ausgegeben. Viele Menschen kämpfen mit emotionalen Ausgaben. Einen Mangel an Selbstbeherrschung zu haben und die Gewohnheit, zu viel auszugeben, zu stoppen, ist eine große Herausforderung. Über die Jahre bin ich immer besser darin geworden, meine täglichen ein- und ausgehenden Ausgaben zu verfolgen, und nach drei Jahren musste ich das nicht mehr tun. Keine Sorge, du musst es auch nicht für den Rest deines Lebens tun. Nach einer Weile wirst du aus deinen Fehlern lernen und anfangen, bessere Entscheidungen bei deinen täglichen Ausgaben zu treffen. Nimm dir am Ende des Monats etwas Zeit, um eine Erfolgsliste zu erstellen.

Wie viel Geld wirst du am Ende sparen, indem du keine unnötigen Dinge kaufst? Wenn du nicht entschlossen genug bist, wirst du kein Kapital aufbauen können. Manchmal musst du den Druck deiner finanziellen Pläne auf deinen Schultern spüren, sonst wirst du nie vorankommen können. Zuhause ist der erste Ort, an dem du streng mit dir selbst sein musst und du musst dir gemeinsame Ziele mit deinem Partner oder deiner Familie setzen. Über Beziehungsziele werde ich in einem weiteren Kapitel sprechen.

Hausaufgaben

Deine Aufgabe ist es nun, deine Ausgaben zu verfolgen, einschließlich aller Fixkosten und variablen Kosten. Sei ehrlich zu dir selbst. Nimm dir ein leeres Blatt Papier oder beginne eine Excel-Datei. Wenn du ein Familienkonto mit deinem Partner hast, dann benutze es als Familienausgaben-Tracker. In die erste Spalte trägst du dein monatliches Einkommen ein und in die andere Spalte deine monatlichen Fixkosten wie Miete, Telefonrechnung, Versicherung, Benzin, Lebensmittel und alles, was zum Leben notwendig ist. Ziehe deine fixen Kosten von deinem Einkommen ab. Was immer übrig bleibt, kann entweder gespart oder ausgegeben werden, was es variabel macht.

Ist dein Portemonnaie am Ende des Monats immer leer? Welche Fehler wiederholst du immer wieder? Was machst du falsch? Was sind deine variablen Ausgaben? Mit anderen Worten, abgesehen von deinen Rechnungen, wofür gibst du dein Geld aus?

In der Wirtschaft hat ein Unternehmen fixe und variable Kosten. Dein persönliches Budget funktioniert genauso. Du kannst deine fixen Kosten nicht kurzfristig ändern, aber es ist machbar, wenn du ein wenig recherchierst und dich ein wenig anstrengst. Wichtiger ist es, deine variablen Kosten zu überprüfen. Lass mich in einfachen Worten erklären, was variable Kosten bedeuten könnten. Hast du das Gefühl, dass du nicht leben kannst, ohne das fünfte Paar Schuhe innerhalb der Saison zu kaufen? Das sind emotionale Ausgaben für Dinge, die du nicht wirklich brauchst. Du musst sicherstellen, dass sich deine variablen Ausgaben wirklich lohnen oder unvermeidbar sind. Sobald du deine variablen Ausgaben deutlich senkst, kannst du mit wenig Widerstand mit dem Sparen beginnen.

Kapitel Fünf

Die Zero Waste 6 R Nachhaltigkeitspyramide

Nullverschwender (Zero Waster) sind durch ihre Philosophie zu meinen Vorbildern geworden. Ich bin schon mein ganzes Leben lang Vegetarierin und ich finde, dass wir verantwortungsvoller sein müssen. Wir sollten uns um unsere Umwelt kümmern, Ressourcen sparen, aber da es ein Buch über Finanzen ist, sollten wir nicht vergessen, wie teuer Fleisch ist. Ich hoffe, dass ich dich nicht nur zu einem sparsamen Millionär machen kann, sondern auch zu einer Person, die sich um ihre Umwelt kümmert und die Erde für unsere Urenkel schützt, indem sie darauf achtet, wofür sie ihr Geld ausgibt.

Zero Waster sind unglaublich talentiert darin, minimale Mengen an Geld auszugeben. Das Buch Zero Waste Home von Bea Johnson hat mir geholfen zu verstehen, was ich zu Hause anders machen kann. Also habe ich einige ihrer Vorschläge in meine Finanzen implementiert und genieße seither die Vorteile.

Jetzt werde ich die Zero Waste 6 R Sustainability Pyramid erklären. Ich werde nicht über die zusätzlichen 3 Rs - Restore, Recycle und Rot - sprechen, aber ich denke, dass diese auch sehr wichtig sind und wenn du motiviert genug bist, kannst du gerne deine eigenen Nachforschungen anstellen und darüber lesen.

Das hier sind die 6 Rs:

1. Respektiere alles um dich herum

Das Erste und Wichtigste, was man erkennen muss, ist, dass wir nur eine Erde haben. Die meisten Ressourcen sind nicht erneuerbar und wir müssen sorgfältig mit ihnen umgehen, denn wenn wir unsere Welt unwiderruflich beschädigen, gibt es keinen Grund mehr, Geld zu sparen. Es wird keinen Platz geben, um es auszugeben.

Bei Sparsamkeit geht es nicht nur darum, Geld zu sparen, sondern auch darum, eine nachhaltige Lebensweise zu schaffen, um unseren Planeten zu retten. Unser Zuhause, die Erde, sollte immer unsere erste Priorität sein.

2. Verweigere (Refuse) die Ausgaben für alles, was unnötig ist

Das *"Refuse to spend"*-Prinzip ist das, was du im Kopf behalten musst, um ein sparsamer Meister zu werden.

Bevor du einen Kauf tätigst, frage dich: *"Brauche ich diesen Artikel wirklich?"* Gib dir etwas Zeit und warte mindestens einen Tag, auch wenn dieser Artikel nur ein paar Euro kostet. Fange an, eine Liste mit allen zufälligen Einkäufen zu machen, die du getätigt hättest, und zähle sie am Ende des Monats zusammen. Mit dieser neuen Gewohnheit wirst du auf lange Sicht massiv Kapital sparen. Teste dich selbst, und du wirst sehen, wenn du in ein paar Monaten einen Blick auf deine Liste wirfst, wirst du feststellen, dass du die meisten dieser Dinge vergessen hast und du sie doch nicht wirklich gebraucht hast.

Neue Dinge zu kaufen mag dich vorübergehend glücklich machen, aber wenn du deinen Haushalt überprüfst, siehst du den Berg von Gegenständen, die nur Staub sammeln. Wie ein kleines Eichhörnchen sammelst du ständig Dinge, die den Preis einfach nicht wert sind und dein Zuhause wird zu einem unorganisierten Nest. Die Gründe für neunzig Prozent deiner Einkäufe sind deine impulsiven Emotionen und der Mangel an Willenskraft, und die restlichen zehn Prozent sind das, was du für ein erfülltes Leben brauchst. An deinen Prinzipien festzuhalten und dich zu weigern, für unnötige Dinge auszugeben, ist eine herausfordernde, aber notwendige Gewohnheit, um ein sparsamer Millionär zu werden. Auf diese Weise wirst du nicht nur ein sparsamer Mensch, sondern auch ein Freund der Zero Wasters und unseres Planeten. Zero Wasters kümmern sich um Plastikmüll, und du kümmerst dich um finanzielle Verschwendung, indem du ihre Methoden anwendest.

Das sind so einfache Gewohnheiten, die du in deinen Lebensstil einbauen kannst, dass du gar nicht merkst, was für ein guter Mensch du geworden bist, während du Geld sparst. Ich versuche, nirgendwo ohne meine Wasserflasche hinzugehen, damit ich kein Geld für Plastikflaschen ausgeben muss, die ein Vermögen kosten. Meine Kaffeetasse habe ich fast immer dabei mit Kaffee oder Tee darin und wenn ich eine zweite brauche, hole ich sie mir günstiger in meinem eigenen Becher statt in einem Plastik- oder Pappbecher. Die Zahlen werde ich dir im Folgenden präsentieren. Lass uns über deine Schwächen hinweggehen und dich von der Mathematik überzeugen.

Nehmen wir ein ganz einfaches Beispiel. Ein Bier oder Kaffee in einer Kneipe kostet um die 4 Euro. (Wenn du rechnest, verwende Zahlen, die auf dich zutreffen.) Wenn du fünfmal pro Woche ausgehst, dann kostet dich dein Kaffee oder Bier 20 Euro pro Woche. Multipliziere das mit 52 Wochen im Jahr, und die Summe ist 1.040 Euro. In einem einzigen Jahr gibst du also 1.040 Euro nur für einen Kaffee oder ein Bier aus, was in zehn Jahren 10.400 Euro ausmacht. Das ist eine unglaubliche Menge Geld, findest du nicht auch? Wenn du deinen Kaffee zu Hause zubereiten würdest, würdest du etwa 60 bis 80 % dieses Betrags sparen.

Wie wäre es, wenn du auch dreimal pro Woche für 20 Euro zum Mitnehmen bestellen würdest? Das sind 60 Euro in der Woche, also 3.120 Euro im Jahr und 31.200 Euro in zehn Jahren, von der Inflation ganz zu schweigen. Soll ich weitermachen? Dieses Konzept, regelmäßig kleine Geldbeträge zu verschwenden, gilt auch für Menschen, die rauchen oder ein Prestigehobby haben.

Stelle dich deinen Schwächen und sei stärker, als sie sind. Selbst wenn du deinen täglichen Kaffee, dein Bier oder deine Zigarre nicht aufgeben willst, versuche zumindest, diese Gewohnheiten zu reformieren, um dein Sparschwein zu füllen. Wenn deine Willenskraft stark genug ist und du dieses Geld wöchentlich in deine Investitionen umwandelst, wirst du in ein paar Jahren den Unterschied auf deinem Konto sehen.

Wenn du jung bist, bedeutet das tägliche Sparen von 5 Euro, dass du deinen Träumen wöchentlich 35 Euro gibst. Innerhalb eines Jahres sparst du 1.820 Euro, das sind 72.800 Euro in vierzig Jahren. Und wir sprechen nur von 5 Euro pro Tag, stell dir vor, du kannst mehr als das sparen. Natürlich gibt es Inflationsfaktoren, aber trotzdem glaube ich, dass es besser ist, einen Kaffee weniger zu trinken, als all dieses Geld aus dem Fenster zu werfen. Und du musstest nicht einmal etwas Besonderes tun, außer einen kleinen Kompromiss mit dir selbst einzugehen.

Denke daran! Kleine Veränderungen können auf lange Sicht einen großen Unterschied machen. Rom wurde nicht an einem Tag erbaut. Der Aufbau eines nachhaltigen Lebensstils sollte dein langfristiges Ziel sein. Deshalb gebe ich dir diese einfachen Beispiele, damit du verstehst, wie kleine Schritte und kleine Einsparungen dich in die finanzielle Unabhängigkeit führen können. Versuche, meine Ratschläge zu personalisieren und sie in deine Lebensumstände zu übernehmen. Der Kaffee kann dein täglicher Doughnut sein oder der hundertste Lippenstift. Fang an, deine Gewohnheiten zu kontrollieren und sei nicht dein eigener Feind. Wenn du diese kleinen, aber unnötigen Ausgaben stoppst, wirst du massiv an Kapital gewinnen.

3. Reduziere deine Einkäufe für die täglichen Dinge und denke in großen Mengen

Großeinkauf bedeutet nicht, dass du in den Laden rennen und wahllos einen Haufen Dinge kaufen solltest. Halte Ausschau nach Sonderangeboten und Orten, an denen du zu Großhandelspreisen einkaufen kannst, und kaufe nicht die Dinge, die du wahrscheinlich nie benutzen wirst, nur weil es zu einem guten Preis ist. Konzentriere dich auf Dinge, die du in deinem Haushalt täglich oder wöchentlich benutzt, wie Putzmittel, Badkosmetik und so weiter. Sieh dich zu Hause um und mache eine Checkliste, was du wirklich brauchst, was ständig nachgefüllt werden muss, und sei sehr streng mit dir selbst, wenn es um den Einkauf geht.

Wenn du Waren online bestellst, empfehle ich dir dringend, so viele Artikel wie möglich auf einmal zu bestellen. Auf diese Weise sparst du Versandkosten, Zeit, Energie und vermeidest den Stress, dass dir die Dinge ausgehen. Natürlich zahlst du einen hohen Betrag auf einmal, aber du musst nicht unnötig online surfen oder viele Wochen lang Gelegenheitseinkäufe tätigen, denn du hast alles, was du für Monate brauchst. Auf diese Weise reduzierst du auch die Anzahl der Versandvorgänge, was wiederum auch gut für die Umwelt ist.

Es tut vielleicht weh, 150 Euro auf einmal zu bezahlen, aber bedenke, dass du am Ende wahrscheinlich über 200 Euro ausgeben würdest, wenn du diese Artikel sechsmal statt einmal bestellst. Außerdem könnte der Preis des Artikels später steigen. Also schätze dich glücklich und kaufe deinen Lieblingsduft in der großen Flasche oder besorge dir gleich 2.000 Stück Bambus-Wattestäbchen auf einmal. Wenn du genug Platz hast, um diese Artikel zu lagern, wirst du mehr Freiheit und weniger Stress in deinem Leben haben, weil sie dir nicht so oft ausgehen werden, und außerdem wirst du Geld sparen. Mach dir also das Leben leichter, mein lieber, sparsamer Student!

4. Rehome deine Gegenstände

Gibt es etwas zu Hause, das du nicht mehr brauchst? Bitte wirf noch brauchbare Gegenstände nicht in den Müll. Geh und verdiene etwas Geld. Veranstalte einen Flohmarkt oder verkaufe die

Gegenstände online, oder verschenke sie einfach an jemand anderen. Dein Müll kann der Schatz eines anderen sein.

Hast du einen Freund, der gerade in eine neue leere Wohnung in der Nähe gezogen ist? Wenn du zwei Stühle hast, die du nicht mehr benutzt, warum gibst du sie ihnen nicht? Es ist eine sehr nette Geste, jemandem mit dieser Art von Unterstützung durch schlechte finanzielle Zeiten zu helfen. Hast du zu viele Bücher? Verkaufe sie!

Gebrauchte Dinge zu kaufen ist gut für den Geldbeutel, aber Dinge zu verkaufen, die du nicht mehr brauchst, ist noch besser. Wie viele Gegenstände hast du, die du seit Jahren nicht mehr benutzt hast? Schuhe, Klamotten, Küchenutensilien. Wenn du das herausfinden willst, schreibe auf deine Sachen einen Zettel mit dem Datum, wann du sie zuletzt benutzt hast. Langsam wirst du erkennen, dass die Dinge, die du für unverzichtbar gehalten hast, in Wirklichkeit nicht so nützlich sind, wie du vorher geglaubt hast, und sie verstauben einfach.

Es gibt da draußen jemanden mit einer sparsamen Einstellung, der deinen Gegenstand zum halben Preis haben möchte. Deal! Verkaufe es. Du wirst weniger zu putzen haben und etwas Geld zum Investieren bekommen. Es ist ein lebensverändernder Tipp, denn wenn du erkennst, dass du nicht so viele Dinge in deinem Leben brauchst, um glücklich zu sein, wirst du auf lange Sicht eine Menge Geld sparen. Werde weniger impulsiv und langsam wirst du erkennen, dass Flohmärkte anstelle von Einkaufszentren die Möglichkeit bieten, das, was du brauchst, zum halben Preis zu finden. Ich kann mich nicht erinnern, wann ich das letzte Mal den vollen Preis für Kleidung bezahlt habe, aber ich habe alles, was ich brauche, und bin zufrieden.

Denke daran!
Kleine Münzen sind deine Freunde. Diejenigen, die die kleinen Münzen nicht respektieren und diese Gegenstände einfach wegwerfen, haben die Millionen nicht verdient. Sei kreativ und gib diesen Gegenständen ein neues Leben und schnapp dir das Geld.

5. Reuse, was du kannst

Das ist der Zeitpunkt, an dem das eigentliche Spiel beginnt und die Dinge interessant werden. Ich weiß, dass ich als junge Frau das Ziel von Werbung bin, die versucht, mich zu beeinflussen, damit ich alles und jeden kaufe, aber ich gebe mein Geld nicht so einfach her.

Weißt du, was ich von den Nullverschwendern gelernt habe? Weißt du, was sie unglaublich gut machen? Sie verwenden alles wieder, was sie können.

Ich verwende wiederverwendbare Dinge, wo immer es möglich ist und denke in langfristigen Zeiträumen. Das sind sehr erschwingliche Möglichkeiten. Du kannst waschbare Windeln für deine Babys kaufen, anstelle von Papierhandtüchern Mikrofasertücher in deiner Küche zum Putzen und auch zum Abschminken verwenden. Du musst kein teures Haarspray kaufen. Das geheime magische Serum ist nichts anderes als 200 ml Wasser mit 2 Teelöffeln Zucker. Kaufe nur eine Art von Reinigungsmittel oder mache es besser zu Hause auf eine Zero-Waste Art, billig und umweltfreundlich.

Hab keine Angst, deine Hände zu beschmutzen!

Bevor ich mich von alten Dingen trenne, überlege ich immer zuerst, ob es eine Möglichkeit gibt, sie zu recyceln. Nur ein

Mangel an Vorstellungskraft kann dich davon abhalten. Schau auf Pinterest nach Ideen. Ihr Lieben, braucht ihr wirklich alles in der Garage? Geh einfach raus und finde Gegenstände, die du upcyclen kannst.

Wenn du mutig und talentiert genug bist, dann kannst du dir zu Hause selbst die Haare schneiden oder färben oder deine Nägel machen, ein paar neue Berufe lernen und ein Tausendsassa werden. Es gibt geniale YouTube-Tutorials, wenn du etwas Neues lernen willst.

Bitte probiere nur Dinge aus, die nicht gefährlich sind und bei denen du dir sicher bist, dass du damit umgehen kannst.

Finde Rezepte mit Zutaten, die du bereits zu Hause hast und koche dir und deiner Familie ein leckeres Low Budget Essen.

6. Reparieren und Wiederverwenden von Sachen ist cool

Tutorials, Tutorials und Tutorials. Heutzutage gibt es kostenlose Tutorials zu fast allem online. Du brauchst nicht einmal Anleitungen zu lesen, denn in den meisten Fällen gibt es bereits Videos auf YouTube, die zeigen, wie du deine Gegenstände reparieren kannst. Sicherlich brauchst du ein gewisses technisches Grundverständnis, aber wenn du zuversichtlich und entschlossen bist, kannst du wahre Wunder vollbringen. Ich habe große Holztruhen repariert, die in einem schrecklichen Zustand waren. Ich habe sie mit etwas alter Farbe neu gestrichen und dabei rund dreihundert Euro gespart. Jetzt habe ich einen schönen Pflanzkasten für mein Gemüse.

Das ist es, was Repurposing bedeutet. Kreativität ist essentiell, und du wirst die Welt mit anderen Augen sehen.

Du wirst nicht allein durch diese Methode zum Millionär, aber deine Kreativität wird dir eine Menge Geld sparen. Schau dir einige DIY-Projekte auf YouTube an, du wirst wahrscheinlich eines finden, das dir hilft, Gegenstände, die du bereits hast, zu reparieren oder wiederzuverwenden, bevor du in die Läden eilst. Durchsuche dein Zuhause nach Überbleibseln wie Textilien, alten Vorhängen, Gläsern oder Vasen, Holz oder allem Brauchbaren. Du könntest diese Materialien wiederverwenden und etwas Schönes aus ihnen machen.

Ich möchte dich jedoch daran erinnern, niemals zu versuchen, etwas zu reparieren, das das Wissen eines Experten erfordert, wie z.b. das Reparieren von elektrischen Geräten, der Heizungsanlage oder das Reparieren eines Gaslecks. Es ist es nicht wert, dein Leben zu riskieren. Es gibt Fälle, in denen du einen Fachmann anrufen musst, der diese Probleme richtig lösen kann.

Erwäge Minimalismus

Viele Menschen entscheiden sich heutzutage für einen minimalistischen Lebensstil. Sie wollen Platz in ihrem Leben und mehr Ruhe in ihrem Geist schaffen und auch ihr Geld für weniger Dinge ausgeben. Meiner Meinung nach ist Minimalismus eine Lebensweise, bei der wir uns bewusst sind, dass unser Planet einzigartig ist und wir ihn respektieren müssen. Außerdem sollten wir erkennen, dass dieser Planet endliche Ressourcen hat. Wir sollten nur die Dinge in unser tägliches Leben mitnehmen, die wir wirklich brauchen. Manchmal kann uns das Umgeben mit weniger Dingen glücklicher, gesünder, ruhiger, ausgeglichener und weniger gestresst machen.

Hausaufgaben

Schau dir die Dinge um dich herum an und überlege, wie sehr du sie wirklich brauchst. Hast du jemals darüber nachgedacht, wie viel Zeit du damit verbringst, deine Sachen zu ordnen? Sie organisiert zu halten, deine Kleidung zu waschen oder das Geschirr oder deine Küche zu reinigen. Wenn du all die Zeit zusammenzählst, die du mit diesen Aktivitäten verbringst, wirst du sehen, wie viel Zeit es kostet, deine Sachen zu organisieren. Je weniger du hast, desto weniger Zeit verbringst du damit, dich um diese Dinge zu kümmern, und desto mehr Zeit hast du für dich. Denk einfach mal darüber nach, wofür du diese Zeit eigentlich noch nutzen könntest.

Viele Motivationsbücher schlagen vor, dass jeder seine Umgebung in Ordnung halten sollte. Ich schlage vor, dass du weniger Dinge um dich herum in deinem Haus haben solltest. Du wirst sofort mehr Zeit für das Leben haben. Du kannst den Moment genießen, dich entspannen und sogar die zusätzliche Zeit nutzen, um etwas über finanzielle Entwicklung zu lernen, wie zum Beispiel dieses Buch zu lesen. Denke auch an all das Geld, das du sparen kannst. Schließlich füllen die Menschen ihr Zuhause mit Gegenständen aus Impulskäufen, die sie buchstäblich nie benutzen werden.

Kapitel Sechs

Wie du deine Pennys in Millionen verwandelst

Wir haben bereits darüber gesprochen, was du anders machen musst, um Kapital anzusparen, damit du anfangen kannst zu investieren. Jetzt ist es an der Zeit zu lernen, wie man Vermögen schafft. Das erste, was du tun musst, ist etwas über Finanzen zu lernen. Diesen Prozess solltest du eigentlich schon beginnen, während du dein Kapital ansparst.

Das Internet ist voll von Videos und Blogs, in denen du dich kostenlos weiterbilden kannst. Lerne die Bedeutung eines Portfolios, Index, Bayesi-Analyse, Geschichte der Finanzen, Börse, Gold, Silber, Platinum, Trading, Daytrading.

Lerne, was ein Broker ist, welche Unternehmen gut laufen und welche nicht, was IFRS ist, Buchhaltung, ETFs, Mikro- und Makroökonomie, transnationale Unternehmen, Statistik, Immobilieninvestitionen, Kryptowährungen, Warenflipping, oder wie du dein eigenes Unternehmen gründest, und wie du in deinem Beruf gut bezahlt wirst. Mit anderen Worten, wie du der beste Finanzberater für dich selbst sein kannst.

Wenn jemand dein Geld anstelle von dir verwaltet, wie z.b. ein Broker, stelle sicher, dass du eine gute Schubkarre hast, denn du wirst am Ende den Großteil deiner Gewinne bei jemand anderem abliefern.

Aber du fragst trotzdem: *"Ok, selbst wenn ich etwas über Finanzen lerne, wie sollen meine paar hundert Euro im Monat an Ersparnissen zu Millionen werden?"*

Die Magie des Zinseszinseffekts

Nehmen wir an, du hast ein monatliches Gehalt von 2.000 Euro, bist 20 Jahre alt und schaffst es zum ersten Mal in deinem Leben, 100 Euro im Monat zu sparen, und du willst mit 50 Jahren Millionär sein. Die Frage ist, wie wirst du das erreichen? Die Antwort ist, mit der Magie des Zinseszinseffekts.

Wenn du 30 Jahre lang jeden Monat 100 Euro in einer Kiste verstecken würdest, hättest du abzüglich der Inflation 36.000 Euro angespart. Es lohnt sich fast gar nicht, 30 Jahre lang zu sparen, oder?

Wenn du jedoch jeden Monat 100 € auf ein Anlagekonto einzahlen würdest, das monatlich 6% Zinseszins erwirtschaftet, hättest du in 30 Jahren 101.000 €.

Und wenn du es schaffst, etwas mehr einzuzahlen, würde sich der Betrag aufgrund der Mathematik des Zinseszinses deutlich erhöhen.

Was ist Zinseszins und warum wird es dich umhauen?

Zinsen sind das Geld, das du mit deiner Investition verdienst. Du zahlst 100 Euro bei der Bank ein. Die Bank gibt dir X% auf deine Einlage. Im nächsten Jahr bekommst du wieder X% Zinsen für deine 100 Euro.

Zinseszins ist, wenn du Zinsen auf das Geld, das du investiert hast, und dann auch auf die Zinsen, die du bereits verdient hast, bekommst. Mit anderen Worten: Deine Zinsen machen auch Zinsen.

Mit der Zeit, wenn du mehr Geld verdienst, aber sparsam lebst und hart arbeitest, um zusätzliches Geld zu verdienen, kannst du deine monatlichen Einzahlungen schrittweise erhöhen, bis zu 1.000 Euro für 30 Jahre und du wirst über eine Million Euro haben, ohne etwas anderes zu tun. Aber diese Zahlen können sich ändern, je nachdem, in was du investierst. Du kannst Anlagen finden, die eine hohe Wertentwicklung haben und dir höhere Zinsen einbringen. Und ja, es gibt auch Assets, mit denen du Geld verlierst. Das Beispiel mit den 6% über die Zeit ist ein sicherer, erwarteter Durchschnitt.

Es wird etwa zehn Jahre dauern, bis du echte Ergebnisse siehst, aber alles hängt davon ab, wie prinzipientreu du bleiben kannst. Du siehst, dann beginnt die Magie wirklich zu passieren. Nach etwa zehn Jahren werden die Zinsen, die du verdienst, mehr als die Gelder, die du einzahlst. Lass mich das noch einmal auf eine andere Art und Weise sagen, damit es eindringt. Nach etwa 10 Jahren ist deine Einlage genauso hoch wie die Zinsen, die du verdienst. Und die Zinsen wachsen mit der Zeit immer weiter, so dass sie schließlich den Betrag übersteigen, den du einzahlst. Wenn du die 20-Jahres-Marke erreichst, wird das gesamte Geld, das du an Zinsen verdient hast, mehr sein als das gesamte Geld, das du in den 20 Jahren eingezahlt hast. An diesem Punkt werden die Effekte des Zinseszinseffekts richtig losgehen. Um das Jahr 30 herum werden deine verdienten Zinsen doppelt so hoch sein wie deine gesamten Einlagen. Kannst du dir vorstellen, was im Jahr 40 passiert? Dein Zinsertrag wird dreimal so hoch sein wie deine gesamten Einlagen. Wie wäre es, wenn wir eine weitere Dekade einfügen? Jahr 50. Das gesamte Geld, das du an Zinsen verdient hast, ist jetzt 5-mal so viel wie das gesamte Geld, das du jemals eingezahlt hast. Stell dir vor, du bringst deinen Kindern bei, was sie mit dem ganzen Geld machen sollen, das sie von dir erben werden. Nach dem Zinseszinseffekt werden deine Enkelkinder und die ihren danach nie einen Tag in ihrem Leben arbeiten müssen. Warren Buffet hat einmal gesagt: *"Jemand sitzt heute im Schatten, weil jemand vor langer Zeit einen Baum gepflanzt hat."* Es ist an der Zeit, die Worte der großen Meister der Finanzen zu beherzigen.

Wie lange musst du weiter investieren?

Natürlich willst du irgendwann das ganze Geld genießen und dir nach 30 Jahren die Früchte deines Opfers auszahlen lassen.

Mach dir keine Sorgen. Wenn du diszipliniert genug bist, um auf diesem Weg zu bleiben, wirst du, wenn du die 30-Jahres-Marke erreichst, hoffentlich so viel Wertschätzung für den Wert entwickelt haben, dass du die richtigen Entscheidungen mit deinem Reichtum treffen wirst. Ich bezweifle, dass du nach 30 Jahren, wenn du diese Million hättest, ein Auto für 700.000 Euro kaufen würdest. Nein, natürlich nicht. Du würdest vernünftig sein. Du würdest wahrscheinlich viele deiner Träume verwirklichen können, ohne dein ganzes Erspartes auszugeben, und du würdest dich weiter um deinen Baum kümmern. Jetzt sagst du mir, dass das unmöglich ist!

Den richtigen Moment meistern

Geduldig zu bleiben ist nicht immer einfach, ich weiß. Wir alle wollen sofortige Befriedigung und in einer sofortigen Welt leben, die Liebe, Glück und Geld beinhaltet. Aber wie süß ist das Gefühl, wenn wir unsere Belohnung bekommen, nachdem wir so lange darauf gewartet und dafür gearbeitet haben? Den richtigen Moment zu finden ist eine wesentliche Fähigkeit, um ein sparsamer Millionär zu sein. Du musst nicht immer alles bekommen, wenn du es willst, denn wenn du das tust, wirst du Cashflow-Probleme oder Schulden haben.

Bevor ich mein erstes Auto besaß, bin ich immer mit dem Bus zur Arbeit gefahren. Die Firma lag 15 Minuten mit dem Auto von meinem Zuhause entfernt, aber ich nahm den Bus, was täglich etwa 1 Stunde und 15 Minuten dauerte. Ich bin etwa drei Monate lang mit dem Bus zur Arbeit gefahren. Ich musste drei Mal den Bus wechseln, um dorthin zu gelangen, und war immer sehr müde und frustriert. Manchmal hatte ich die Nase voll und war bereit, noch am selben Nachmittag ein Auto zu kaufen. Aber Gavrilo, der der ultimative Meister der Geduld ist, lehrte mich eine grundlegende Lektion.

Wir gingen an den Wochenenden Autos kaufen, und ich testete viele davon. Da ich sehr ungeduldig war, wollte ich das erste kaufen, obwohl es in einem furchtbaren Zustand war und viele Kilometer hatte. Aber Gavrilo half mir, meine Schwäche zu überwinden und ermunterte mich, auf das richtige zu warten.

An einem Wochenende Anfang Juli 2017 sahen wir ein Auto zu einem Preis, der zu gut war, um wahr zu sein. Es war als *"Wochenendauto"* von einem alten Mann mit sehr wenigen Kilometern darin benutzt worden, zu einem unschlagbaren Preis, den ich mir leisten konnte, ohne mich zu verschulden. Als wir eine Probefahrt machten, sagte mein Freund Gavrilo, es sei wie ein neues Auto und ich solle es kaufen. Und das tat ich.

Ich fahre dieses Auto seit mehr als drei Jahren, aber wenn ich es jetzt verkaufen würde, würde ich den Preis, den ich dafür bezahlt habe, zurückbekommen, obwohl ich die gefahrenen Kilometer verdreifacht habe. Manchmal möchte ich ein besseres Auto haben. Ich sehe viele Leute, die größere, schnellere und exklusivere Autos fahren. Aber ich brauche nicht diese unnötige Verschuldung, die diese Leute auf sich nehmen, wenn man in jungen Jahren ein gutes Auto kauft. Sie vergessen oft, dass es eine Verbindlichkeit ist und nicht ein Vermögenswert. Ich persönlich würde nie ein neues Auto kaufen, denn wenn man es sofort aus dem Salon fährt, verliert man eine Menge Geld. Du musst das Auto deiner Träume kaufen, nachdem du hart dafür gearbeitet hast, es dir verdient hast und du es dir leisten kannst, mit diesem Wertverlust zu fahren. Beginne dein Leben nicht mit einer riesigen Verschuldung, nur um dein Umfeld mit einem schönen, nagelneuen Qualitätsauto zu beeindrucken.

"Du musst deine Trauben im Oktober ernten, wenn sie reif sind und nicht im Juli, wenn sie grün und bitter sind."

Das ist die Philosophie eines sparsamen Menschen, und erinnere dich immer daran, dass du dieses Auto irgendwann bekommen wirst, arbeite einfach weiter dafür, auch wenn du das Gefühl hast, dass das Leben kurz ist und du alles sofort genießen willst. Geduld ist eine der wichtigsten Erkenntnisse aus diesem Kapitel. Setze neue Standards für dich selbst und tue es nur für dich selbst und nicht, um andere zu beeindrucken. Finanzielle Ziele können stark davon beeinflusst werden, andere zu beeindrucken. Wenn du dich schwach fühlst, erinnere dich daran, bis zehn zu zählen, Geduld wird dir immer helfen, bei deinen finanziellen Zielen entschlossen zu bleiben.

Kapitel Sieben

Seele vor Geld

Mach deine Gesundheit zu einer Priorität

Dein Körper ist deine Burg, und nur du kannst dich um ihn kümmern. Ich glaube, es war das Jahr 2020, als wir lernten, dass unsere mentale Gesundheit etwas ist, das besondere Aufmerksamkeit braucht. Es ist nicht nur unsere körperliche Gesundheit, auf die wir uns konzentrieren und in unserer Freizeit trainieren müssen, sondern wir müssen uns auch geistig und spirituell stärken, damit wir bessere Leistungen erbringen können. Genügend positive Energie zu haben ist wichtig, um unsere Ziele zu erreichen und unsere Gedanken und unsere Seele mit aufzutanken. Dein Körper ist deine Burg, und nur du kannst dich um ihn kümmern. Ich glaube, es war das Jahr 2020, als wir lernten, dass unsere mentale Gesundheit etwas ist, das besondere Aufmerksamkeit braucht. Es ist nicht nur unsere körperliche Gesundheit, auf die wir uns konzentrieren und in unserer Freizeit trainieren müssen, sondern wir müssen uns auch geistig und spirituell stärken, damit wir bessere Leistungen erbringen können. Genügend positive Energie zu haben ist wichtig, um unsere Ziele zu erreichen und unsere Gedanken und unsere Seele mit aufzutanken.

Burnout vermeiden

Negativen Gefühlen, Sorgen, Überlegungen und Stress Energie zu geben, ist nie gut für dich. Finanzielle Sicherheit ist nur ein Teil deines Lebens, aber nicht alles. Du musst in der Lage sein, dich auch auf andere Teile deines Lebens zu konzentrieren. Wenn du alle fünf Minuten dein Konto überprüfst und du zu viel Angst hast, dein Geld zu verlieren, dann wird dich das nicht nur frustrieren, sondern du wirst in dir eine Quelle der Unzufriedenheit erzeugen.

Ich kenne viele Menschen mit enormem Reichtum, aber sie laufen ständig im Rattenrennen. Deine geistige Gesundheit und dein innerer Frieden müssen vor dem Geld kommen. Sinnlos dem Geld hinterher zu rennen ist nicht gesund und ohne Risiken. Burnout, Süchte und Depressionen sind ernsthafte Krankheiten unter Top-Managern, betreffen aber jeden. Du solltest versuchen, sie zu vermeiden, sonst töten sie deine ganze Motivation und alles Geld der Welt zu haben, wird dich nicht glücklich und zufrieden machen.

Lass uns über Burnout sprechen. Es mag unglaublich sein, aber ich hatte im Alter von 24 Jahren ein Burnout, weil ich zu viel auf einmal wollte. Zum Glück habe ich es mit der richtigen Therapie innerhalb eines Jahres überwunden. Es gibt eine Reihe von Dingen, die ein Burnout bei mir auslösen können, wie z.B. Selbstdruck, genervte, gestresste und chaotische Kollegen, keine Perspektive der persönlichen Entwicklung am Arbeitsplatz und der Stress des Umzugs und des Erwachsenwerdens.

Zu dieser Zeit arbeitete ich Vollzeit und machte mein Masterstudium, was bedeutete, dass ich eineinhalb Jahre lang sieben Tage die Woche ohne Pause 110 Prozent Leistung geben musste. Als ich jeden Tag weinend zur Arbeit ging und mich elendig fühlte, nachdem ich von zwei meiner Kollegen gemobbt wurde, beschloss ich schließlich, meinen Hausarzt aufzusuchen und um Hilfe zu bitten. Ich wurde zu einem Therapeuten geschickt, der mir riet, so schnell wie möglich meinen Arbeitsplatz zu wechseln.

Ich war entschlossen, die Situation im Haus mit meinem Vorgesetzten zu lösen, der schockiert war, als er mich weinen sah und von dem beunruhigenden Brief, den mein engster Kollege geschrieben hatte, was die Kirsche auf der Torte meines Burn-outs war. Die Personalabteilung versuchte die Situation zu lösen, indem sie mich von einer der beiden trennte, aber als ich sie für sechs Wochen vertreten musste, wurde ich erneut damit konfrontiert, wie unorganisiert und chaotisch sie war, was genau das Gegenteil meiner organisierten Arbeitsweise war. Ich verlor all mein Vertrauen in sie. Ich konnte mich nur noch auf die Fehler konzentrieren, die sie machte und da sich technisch nichts änderte, konnte ich meine Frustration nicht mehr zurückhalten, so dass ich mit meinem letzten Rest an Würde ging. Obwohl sie wollten, dass ich bleibe und mir ein höheres Gehalt anboten, lehnte ich ab und befreite mich aus einer unangenehmen Situation. Der Ausstieg war die beste Entscheidung meines Lebens. Ich wollte diese Geschichte für all jene erzählen, die sich nicht vorstellen können, wie ein Burnout ist. Außerdem möchte ich diejenigen unterstützen, die gerade eines durchmachen und sie motivieren, etwas zu verändern.

Wähle weise

Schauen wir uns ein Beispiel für eine sinnvolle Lebensentscheidung an, wie die Wahl zwischen zwei Jobs. Einer davon wird hervorragend bezahlt, aber es gibt eine zweite Option, mit der du dich langfristig besser fühlen würdest, die aber ein paar tausend Euro weniger einbringt. Du weißt im Voraus, dass du den ersten Job hassen wirst und es verabscheust, montags zur Arbeit zu gehen und du würdest ihn nur wegen des besseren Gehalts wählen. Manchmal bedeutet mehr zu verdienen nicht, besser zu leben, denn deine Seele sollte vor dem Geld kommen. Sie ist ein wichtiger Schlüssel für deine Work-Life-Balance, den du nicht vernachlässigen solltest. Wenn du einen Job nur wegen des Gehalts wählst, musst du damit rechnen, irgendwann auszubrennen. Dieser Zustand ist viel häufiger, als du denkst, und all dein gespartes Geld für Therapie oder medizinische Versorgung auszugeben, nachdem du so hart dafür gearbeitet hast, ist ein schreckliches Gefühl. Unterschätze bitte nicht die Risiken dieser Entscheidung. Schau dich nach weiteren Möglichkeiten um und finde etwas, wo du gut verdienen kannst und die Aufgaben auch Spaß machen. Mit der Erfahrung wird ein Punkt kommen, an dem du dich entspannter und friedlicher fühlst, was deine Finanzen angeht, wenn du die Situation men-schenmäßig gut handhabst.

Natürlich ist das Leben nicht so schwarz-weiß. Das Leben bietet dir viele Farben des Regenbogens und wenn wir das auf deine Finanzen übertragen, dann gibt es nicht nur Vor- und Nachteile bei einer Gelegenheit. Es ist wichtig, dass du lernst, auch mit den Nachteilen umzugehen. Das Lösen von Problemen erfordert meist mentale Stärke, die du dir antrainieren kannst und die dir viel Energie spart.

Ruhig bleiben

Vielleicht fragst du dich jetzt, was mentale Stärke genau bedeutet oder wie du sie erlangen kannst. Der erste Schritt ist zu verstehen, dass Panik nie hilfreich ist, also bleibe immer ruhig, auch wenn Probleme aus heiterem Himmel und ganz plötzlich auftauchen. Du musst mit einem ruhigen Verstand denken.

Bist du sofort gestresst, wenn dein Plan nicht so läuft, wie du es dir am Anfang vorgestellt hast? Dann ist das erste, was du erkennen musst, dass du vielleicht einem falschen Muster folgst.

Schau dich in deinem Umfeld um und frage dich ehrlich: Wer in deinem Umfeld verhält sich genauso, wenn etwas Negatives passiert?

Hast du jemals gesehen, wie deine Eltern in Panik geraten sind, wenn sie in Schwierigkeiten waren? Oder war ein Freund von dir vor einer Prüfung extrem gestresst? Wir lernen, wie wir uns von anderen um uns herum verhalten, also entdecke bitte zuerst dieses Verhaltensmuster in deinem nahen Umfeld und versuche zu erkennen, wer dich am meisten beeinflusst. Dann denke darüber nach, ob dieses Muster dir hilft oder nicht, deine finanziellen Ziele zu erreichen. Der zweite Schritt ist, neue und besser geeignete Muster und innere Ruhe zu finden. Du kannst keine neue Gewohnheit beginnen, ohne die alte Denkweise zu stoppen, und du musst dich ständig daran erinnern, dich an deinen neuen Lebensstil anzupassen und nicht in den alten zurückzufallen. Sei ruhig in deinem Geist und erinnere dich ständig daran. Panik ist immer schlecht. Bei Investitionen ist die Angst, etwas zu verpassen, immer in deinem Schatten, aber du musst dir vor einer wichtigen Entscheidung Zeit nehmen oder zumindest vorbereitet sein und sorgfältig investieren.

Arbeite, wenn andere sich entspannen, genieße deine Zeit, wenn sie in Panik geraten

Aus Schulprojekten kann man viel lernen, vor allem wenn man diese Projekte unter Zeitdruck fertigstellen muss. Die meisten Schüler wollen alles innerhalb eines Tages lernen und fertigstellen, meistens in der Nacht vor der Prüfung oder Deadline. Das ist nicht nur unsinnig, sondern du wirst dich am nächsten Tag an nichts mehr erinnern, du verschwendest eine Menge Energie, bekommst keine Freude am Wissen und stresst dich über das Versagen. Warum teilst du dir nicht die Zeit ein, lernst jeden Tag eine Stunde und wiederholst es vor der Prüfung? Sei nicht dein eigener Feind.

Auswendiglernen ist sehr wichtig, und du musst schlafen, um die Informationen in deinem Gehirn zu speichern. Es ist viel einfacher, Informationen aus dem Langzeitgedächtnis abzurufen, als sich an Dinge zu erinnern, die du 15 Minuten vor der Prüfung gelernt hast. Andererseits kann etwas Unerwartetes passieren und du musst dein Studium in noch weniger Zeit bewältigen, als du geplant hast. Ich habe in der High School angefangen, eine Technik anzuwenden. Auf dem Heimweg im Bus würde ich lernen, anstatt aus dem Fenster zu schauen oder Musik zu hören.

Als Wirtschaftswissenschaftler würde ich das als Wettbewerbsvorteil identifizieren, denn du bist besser vorbereitet als deine Konkurrenten, also wirst du viel selbstbewusster in die Prüfung gehen und weniger gestresst sein. Du musst nicht unbedingt zu der Gruppe der nervösen Studenten gehören, die endlos wiederholen: *"Ich werde durchfallen"*. Das Gleiche gilt für das echte Leben und die Arbeit. Wenn du bei der Arbeit eine To-Do-Liste machst und nicht alles auf die letzte Minute verschiebst, dann wirst du organisierter sein als 80% deiner Kollegen. Wenn du ein Angestellter bist, wird dir diese Taktik helfen, schwierige und stressige Zeiten zu überwinden, so wie auch Unternehmer ihre Aufgaben priorisieren.

Das Leben ist wunderschön

Sei nicht so hart zu dir selbst und gönne dir etwas, indem du ausgehst und etwas Geld ausgibst. Natürlich meine ich nicht das ganze Geld, das du hast, aber in ein Restaurant, ein Spa oder andere Aktivitäten zu gehen, ist manchmal nett.

Ich weiß, du denkst, dass es deine strikten sparsamen Pläne durchkreuzen könnte, aber jeder sparsame Millionär braucht etwas Zeit für sich selbst und wenn du immer nein zu dir sagst, wirst du nicht in der Lage sein, die schönen Momente des Lebens zu genießen.

Ich glaube, dass du dich manchmal selbst belohnen musst, aber denke daran, dass nicht jedes Wochenende eine große, ausschweifende Feier sein sollte, wenn du deine Ziele erreichen willst. Ein sparsamer Millionär zu sein, bedeutet ein Gleichgewicht zwischen Ausgaben und Sparen. Bevor du dir etwas gönnst, denke daran, zuerst etwas Produktives zu tun. Das wird dir die Motivation geben, weiter zu arbeiten und dich erst zu erholen, wenn du deine Meilensteine erreicht hast.

Es tut mir leid, dir zu sagen, dass, wenn du Freunde hast, die gerne jeden Nachmittag in die Kneipe gehen, du vielleicht nicht in der Lage bist, dich ihnen anzuschließen und jeden Tag eine Tonne Geld auszugeben. Du solltest dich nach billigeren Aktivitäten umsehen und versuchen, deine Freunde dazu zu überreden, dies ebenfalls zu tun.

Kapitel Acht

Lebenspartner und persönliche Beziehungen

Selbstentwicklung kommt vor Beziehungen

Als ich jünger war, habe ich das ganze Geld, das ich von meinen Eltern bekommen habe, ausgegeben, weil ich nicht wusste, dass es andere finanzielle Möglichkeiten gibt, sich zu verhalten. Es hat eine Weile gedauert, bis ich gemerkt habe, dass ich anfangen sollte, Geld zu sparen. Sparen und den Umgang mit Geld zu lernen, steht nicht auf dem Lehrplan der Schule, das muss sich jeder Jugendliche selbst beibringen. In langfristigen Beziehungen ist eine klare Kommunikation ein Muss, genauso wie das Setzen von gemeinsamen finanziellen Zielen.

Lebenspartner

Wenn Probleme auftreten, wende dich nicht ab, sei nicht wütend auf deine Liebsten oder beende eine funktionierende Beziehung. Glaube mir, wenn du eine liebevolle Beziehung hast, ist es viel einfacher, gemeinsam finanzielle Ziele zu erreichen. Arbeitet daran, versucht herauszufinden, was für euch beide funktioniert und gestaltet euren finanziellen Weg Schritt für Schritt. Gemeinsamer finanzieller Erfolg ist in Beziehungen harte Kopfarbeit. Es erfordert erhebliche kognitive Fähigkeiten von beiden Partnern, ihre Persönlichkeiten nicht zu verändern und nicht zum Idioten zu werden wegen des Geldes.

Es gibt viele Dinge, die zu Schwierigkeiten in einer Beziehung führen können, wenn einer der Partner versucht, seine Ersparnisse aufzubauen und der andere zu viel ausgibt. Wenn dein Geliebter Letzteres ist und du seine Angewohnheit nicht magst, dann musst du versuchen, mit ihm zu reden und ihm deine Gefühle und deine Strategie zu erklären und mit ihm über deine langfristigen Träume und Ziele zu sprechen. Wenn die Liebe deines Lebens plant, jetzt ein neues Auto zu kaufen, du aber weißt, dass es dich in eine finanzielle Notlage bringen wird, dann ist es Zeit zu reden und Prioritäten zu setzen.

Kommunikation ist immer der Schlüssel zum gemeinsamen finanziellen Erfolg. Die meisten von uns wollen zu jemandem gehören. Wenn du sparsam denkst, aber mit jemandem zusammen bist, der Mitte des Monats kein Geld auf dem Konto hat, dann wirst du auf lange Sicht Probleme haben. Denke auch an etwas Wichtiges. Versuche niemals, Liebe für Geld zu kaufen, denn sie kann nicht gekauft werden. Liebe ist entweder da oder sie ist nicht da. Jemanden nur für sein Geld zu schätzen, zeigt einen Mangel an innerem

Wert. Dein Leben und deine Beziehung sollten nicht nur ein Social Media Post mit teuren Geschenken, exklusiven Holi-Tagen oder schönen Autos zum Vorzeigen sein. Ein schönes Picknick mit selbstgemachtem Essen oder ein schöner gemeinsamer Abendspaziergang beweist, dass es in der Liebe nicht um Geld geht. Nichtsdestotrotz ist Geld ein wichtiger Teil unseres Lebens und das Setzen und Erreichen gemeinsamer finanzieller Ziele, wie z.b. deinem Kind eine gute Ausbildung zu ermöglichen oder ein Ferienhaus für die alten Tage zu kaufen, beeinflusst die Qualität eurer Beziehung.

Finanzielle Intelligenz ist etwas, das jeder lernen kann, aber unsere Wege und Erwartungen sind nicht immer die gleichen. Jeder sollte verstehen, dass es kein realistisches Lebensziel ist, einen reichen Mann oder eine reiche Frau zu finden. Einige Menschen können reichere Partner finden, aber die meisten Menschen müssen arbeiten, um ihre Ziele zu erfüllen. Du kannst eine Beziehung mit finanziellen Vorteilen genießen, aber sei nicht die Person, die nur für ein bequemes und einfaches Leben bei jemandem bleibt, sonst wirst du ein unglücklicher Millionär werden.

Wachse zu größeren Aufgaben heran

Diese dreieinhalb Jahre meines Lebens waren wie eine militärische Ausbildung und eine mentale Transformation. Es gab Höhen und Tiefen mit befriedigenden und auch tief enttäuschenden Momenten darin. Ich hatte viel Zeit, darüber nachzudenken, was ich von diesem neuen Lebensstil in mein ursprüngliches Leben übernehmen kann. Ich lernte, mit antiken Wertgegenständen umzugehen und die Dinge langfristig zu respektieren, zu verstehen, wie der Geist der Reichen funktioniert und niemals alle Karten auf den Tisch zu legen. Ich lernte Geduld, mit einem ruhigen Verstand zu denken und auf den richtigen Moment zu warten, und lernte, warum die Massen Angst vor Geld haben.

Erlaube niemandem, deine Persönlichkeit mit Geld zu verändern, aber sei bereit, dich selbst zu verbessern. Von jemandem zu lernen, der extrem zielstrebig, geistesgegenwärtig, prinzipientreu und organisiert war, hat mir geholfen, meine Denkweise zu ändern. Am Anfang wurde ich viel kritisiert, aber Liebe und Verständnis von meiner Seite halfen mir durch die schwierigen Momente.

Von jemandem mit großem Reichtum zu lernen bedeutet, dass er sich ganz anders verhält als eine durchschnittliche Person aus der Arbeiterklasse oder sogar aus der Mittelschicht, die nie die Gelegenheit hatte, Zehntausende von Dollars oder Euros in den Händen zu halten. Von jemandem zu lernen, besonders von einem Lebenspartner mit einer starken Persönlichkeit, ist nicht immer der am wenigsten schmerzhafte Weg, um Selbstdisziplin zu lernen, aber es zahlt sich aus. Compliance und Exzellenz haben für mich seither Priorität und sind auch ein wesentlicher Teil des sparsamen Millionärs-Mindsets.

Deine finanzielle Einstellung hängt nicht nur von deinem Lebenspartner ab, sondern auch von anderen Menschen, die dich umgeben. Sie beeinflussen deine Gedanken über Geld, gut bezahlte Berufe und Reichtum und die Bedeutung des Reichseins. Du hast vielleicht das Gefühl, dass du zum Kauf gedrängt wirst. Aber wir müssen erkennen, dass wir selbst dafür verantwortlich sind, zu erkennen, wenn jemand versucht, unser Finanzverhalten ungünstig zu beeinflussen.

Du musst in der Lage sein, gute Berater aus deinem Umfeld auszuwählen und von ihnen zu lernen. Du kannst sie an ihrem unternehmerischen Geist erkennen, auch wenn sie Angestellte sind.

Sie haben oft ein Nebengeschäft, und sie erklären ihre Ideen, drängen dir aber nicht ihre Gedanken auf. Einer der Freunde meines Vaters ist ein talentierter Unternehmer, der immer mit brillanten Ideen aufwartet. Er hat instinktiv eine sparsame Millionärsmentalität. Ich zeigte ihm eine Online-Anzeige für die kostenlose Abholung von hunderten Kilogramm kleiner Kieselsteine. Er sagte sofort: *"Es wäre schön, sie abzuholen, sie in Ein-Kilogramm-Kisten zu verpacken und sie an Aquarienbesitzer zu verkaufen."* Ich war erstaunt über seine sparsame Millionärskreativität.

Wenn du dich mit einfallsreichen Menschen umgibst, wirst du empfänglicher für Einfallsreichtum und freies Brainstorming sein. Aber sei dir bewusst, dass du deine millionenschweren Ideen nicht jedem zeigen solltest, den du gerade erst kennengelernt hast. Teile deine Ideen nur mit Menschen, denen du vertraust oder sie könnten deine Ideen stehlen und das könnte dich eine Menge unangenehmer Momente und Dollars kosten.

Lerne, wem du vertrauen kannst

Ich empfehle dir dringend, deinen finanziellen Status nicht jedem zu erklären. Geld ist ein alltägliches Thema unter den Menschen, in den meisten Fällen geht es entweder um einen Mangel an Geld oder um die Prahlerei, es zu haben. Wenn du dir unangenehme Momente ersparen willst, sprich über deinen finanziellen Status nur mit Menschen, denen du wirklich vertraust. Es gibt Momente in deinem Leben, in denen du still sein musst. Du weißt nie, wer ein Dieb ist oder wer versuchen wird, sich Geld von dir zu leihen, nur um es nie zurückzugeben. Ich habe mehrere Geschichten über fiese Geschäfte innerhalb der Familie und im Freundeskreis gehört, bei denen der vertrauenswürdige Freund oder Verwandte seine Ersparnisse verliert. In vielen Fällen gibt es keinen Vertrag zwischen den Parteien und der Schuldner zahlt den Kredit nie zurück. Der größte Verlust ist jedoch nicht das Geld, sondern das Vertrauen in den geliebten Menschen.

Wenn ihr Jahre später ein Wochenend-Familientreffen habt, ist das Einzige, worüber ihr nachdenkt, warum diese Person wieder eine teure Jacke gekauft hat, anstatt euch das Geld zurückzugeben. Aber du liebst diese Person und würdest sie nie an ihre Schulden erinnern, obwohl du es solltest. Hast du schon einmal von jemandem gehört, der seiner Tochter und seinem Schwiegersohn Geld für ein Geschäft geliehen hat, das später Bankrott ging? Ich habe eine gute Freundin, die das getan hat, und sie weiß, dass sie ihre 10.000 Euro nie wieder sehen wird. Wenn du dich entscheidest, Geld zu leihen oder über deine finanziellen Pläne zu sprechen, dann hören Sie zuerst zu und bleiben ruhig, bis Sie hundertprozentig sicher sind, dass diese Person Ihr Vertrauen nicht missbrauchen wird. Manchmal zahlen Menschen ihre Schulden schnell zurück, wie ich es getan habe, als ich meiner Mutter die 2.000 Euro, die sie mir geliehen hatte, innerhalb weniger Monate zurückzahlte, aber das ist nicht immer der Fall.

Freunde

Die Art der Menschen, mit denen du dich umgibst, spielt eine große Rolle und beeinflusst auch deine Gewohnheiten stark. Heutzutage ist es leider immer häufiger der Fall, dass du versuchst, die Erwartungen deiner Umgebung zu erfüllen. Du bist besser dran, wenn du dich mit energiegeladenen Menschen umgibst, die dir gute Vibes geben, positiv denken und sich kaum beschweren. Wenn du nur die negative Seite des Lebens siehst, wird das deine Finanzen erheblich schwächen. Du musst lernen, dass es nicht darum geht, ein Superheld zu sein und dass jeder im Leben Probleme hat, mit denen er umgehen muss.

Die Menschen machen oft den Fehler zu denken, dass sie die Probleme von allen anderen lösen müssen. Es gibt Zeiten im Leben, in denen du dich vor allem auf dich selbst konzentrieren musst. Deshalb musst du akzeptieren, dass du keine Lösung für jedermanns Probleme haben wirst. Nicht jeder wird froh sein, deinen Rat zu hören, und ihre Vorstellungen und Antworten werden nicht unbedingt in dein Leben passen. Sei darauf vorbereitet, dass nicht jeder mit deinen neuen Zielen und deinem finanziellen Erfolg zufrieden sein wird. Du bist nur für dich selbst und das Erreichen deiner Ziele verantwortlich.

Deine Umwelt

Du lebst wahrscheinlich in einem Umfeld, das viel von dir erwartet. Die meisten von uns sind soziale Wesen und wir umgeben uns gerne mit vielen Menschen, mit denen wir oft über unsere Ziele sprechen. Denke daran, dass wir alle unterschiedliche Vorstellungen von der Welt haben, und wir alle haben unterschiedliche Arten, Probleme zu lösen oder Aufgaben zu behindern. Manchmal werden Menschen versuchen, dich davon abzuhalten, deine Träume zu leben. Sei nicht enttäuscht, wenn dein nahes Umfeld anfängt, deine Pläne zu kritisieren. Manchmal können sie nur die Hindernisse sehen und die Gründe, warum du sie nicht erreichen kannst. Sei nicht böse auf sie und lass dich nicht entmutigen, wenn du das Gefühl hast, dass sie dich nicht sofort unterstützen. Das ist kein Grund zum Aufgeben. Es könnte sogar deine Mutter sein, die dir sagt, *"mein lieber kleiner Sohn, das wird sicher nicht funktionieren"*. Es könnte aber auch deine geliebte Tante sein, ein Freund von dir, von dem du denkst, dass er dich unterstützen würde, aber stattdessen sagen sie *"es ist eine dumme Idee und unmöglich zu erreichen"*.

Du musst daran denken, dass dies nicht deine Gedanken sind, also verfolge deine Träume einfach weiter. Eine positive Einstellung wird dich weiter antreiben und dir helfen, deine Ziele zu erreichen. Wenn du ein Ziel hast, dann gibt es einen Weg dorthin, du musst nur kreativ sein und an dich glauben!

Wenn du eine gute Idee hast, dann brauchst du wahrscheinlich Kapital. Zuerst sind es deine Familie und Freunde, die du um finanzielle Hilfe bitten kannst. Es ist möglich, dass sie deine Idee nicht verstehen und sich weigern zu helfen. Sei nicht sauer auf sie, es hat nichts damit zu tun, wie sie über dich denken. Viele Menschen haben Angst davor, anderen Geld zu leihen, weil sie in der Vergangenheit vielleicht schlechte Erfahrungen gemacht haben. Also sei bitte kreativ und finde das Geld, das du brauchst, auf andere Weise und halte dich an deine Träume. Natürlich ist es keine Alternative, eine Bank auszurauben.

Gib deinen Traum nicht auf, nur weil es länger dauert, bis du ihn erreichst, anstatt ihn sofort zu haben. Deinen Traum aufzugeben ist der größte finanzielle Wahnsinn, den du dir selbst antun kannst. Du solltest dich nicht darum kümmern, was andere sagen oder was von dir erwartet wird. Es wird immer negative Kommentare geben, wenn du aus der traditionellen Denkweise aussteigst. Das kann dich zur sparsamen Millionärsmentalität führen.

Hausaufgaben

Beziehungen sind schön, aber du musst lernen, allein ganz zu sein. Du musst daran arbeiten, daran zu glauben, dass du selbst genug und glücklich bist. Wenn du in einer Beziehung  bist und dich zu sehr von der Stimmung, den Gefühlen und den Entscheidungen eines anderen abhängig machst, dann wird das einen negativen Effekt auf deine Selbstentwicklung haben. Erinnere dich immer wieder daran, dass du ganz bist und nicht die Hälfte von etwas.

Kapitel Neun

Fehler zum Vermeiden

Sage NEIN

Jetzt werde ich darüber sprechen, wie du dein Geld, deine Zeit und deine Gehirnzellen nicht verschwenden solltest. Ich bin ein fürsorglicher Mensch und als ich jünger war, glaubte ich, ich könnte die ganze Welt retten. Heutzutage weiß ich, dass ich nur zwei Hände habe und meine Ressourcen endlich sind. Es gibt nur 24 Stunden am Tag und du musst Prioritäten setzen und wissen, worauf du dich in jedem Moment konzentrieren musst, um dein Bestes zu geben.

Du kannst die Vergangenheit nicht ändern, aber die Zukunft kannst du beeinflussen, allerdings nur in der Gegenwart. Sei also präsent und sage nein, wenn du das Gefühl hast, dass du einige Aufgaben nicht bewältigen kannst, sonst machst du dein Leben extrem stressig. Es gibt Momente im Leben, die du nicht beeinflussen kannst, aber es gibt vorhersehbare Situationen, an denen du besser nicht teilnimmst. Wenn du zu einem Meeting gehst und der Verkäufer dir eine lebensverändernde Investition verkaufen will, wache auf und denke ein wenig nach, bevor du ja sagst. Du wirst oft unter Zeitdruck gesetzt, um voreilige Entscheidungen zu treffen, aber du solltest niemals darauf hereinfallen. Denke daran, dass sie meist als Unternehmer arbeiten, also von Provisionen leben, so dass ihr Angebot nicht unbedingt die beste Option für dich sein muss. Wenn du das Gefühl hast, dass ihre Dienstleistung oder ihr Produkt nichts für dich ist, dann sollte dies der Moment sein, um nein zu sagen. Einfach gesagt, wähle deine Freunde und dein Umfeld gut aus, lerne, wem du vertrauen kannst und habe keine Angst, nein zu sagen.

Im Laufe der Jahre habe ich mehrere ausgefallene Finanzveranstaltungen besucht und von hunderten von lebensverändernden finanziellen Möglichkeiten gehört. Ich habe nichts gegen junge Unternehmer, Firmen und Finanzberater. Ich kenne viele Menschen, die ihnen vertrauen, vor allem jene, die noch nicht bereit sind, ihr eigenes Portfolio zu verwalten. Aber ich glaube, dass es einen billigeren und intelligenteren Weg gibt, es zu tun. Diese Veranstaltungen werden organisiert, um die Vertriebsleute reich zu machen, nicht dich.

Du musst darauf vorbereitet sein, dass sie bei diesen Veranstaltungen mit deinen Emotionen spielen werden, um den Deal zu besiegeln. Die Gelegenheiten, die sie dir anbieten, haben immer versteckte Kosten, wie z.b. enorme Kommissionen für Portfolios oder riesige Eintrittspreise. Du kannst dir sicher sein, dass der billigste Weg ist, nein zu sagen, zuerst alle deine Optionen zu prüfen und zu versuchen, dein Portfolio selbst zu verwalten.

Einmal wurde ich in einen großen Saal eingeladen, in dem etwa 50 Leute einem Immobilienmanager zuhörten, der erklärte, was für eine großartige Investition es sei, eine 30 Quadratmeter große Wohnung zu einem *"unfassbar günstigen Preis"* von - 180.000 € zu kaufen. Abgesehen davon, dass der Preis extrem überhöht war, sollte das Projekt direkt an einer lauten Autobahn gebaut werden. Wie so oft bei solchen Veranstaltungen wurde es als lebensverändernde Chance präsentiert, als Finanzberater oder als Unternehmer im MLM-System Teil ihres Teams zu werden. Natürlich wusste ich aufgrund meiner früheren Erfahrungen, dass es einen Haken geben würde. Also blieb ich bis zur ersten Pause, aß ein schönes Abendessen und ging mit vollem Magen und voller Tasche nach Hause. Die anderen blieben und hörten mit funkelnden Augen zu, nicht ahnend, dass ihr Geld bald aus ihren Geldbörsen verschwinden würde.

Du hast bestimmt schon Geschichten über Lottogewinner gehört, die ihr ganzes Vermögen in einem Wimpernschlag verloren haben, weil sie nicht wussten, wie sie mit solchen Situationen umgehen und das ganze Geld verwalten sollten.

Setze nicht alle Eier in einen Korb

Die Kennzahl bei Investitionen ist sehr einfach: Lerne, dein Portfolio zu diversifizieren. Was bedeutet das? Es bedeutet einfach, dass du in der Lage bist, dein Vermögen zu streuen. So riskierst du nicht dein ganzes Geld in der Hoffnung, mit einigen riskanten Finanzanlagen zu gewinnen.

Der Aufbau eines Portfolios ist nicht nur hilfreich, sondern ein Muss, wenn du reich in Rente gehen willst. Selbst wenn du zu Beginn deiner Reise nur wenig Geld besitzt, musst du wissen, wie du deine Finanzen organisieren wirst, wenn du mit dem Sparen beginnst. Lege nicht dein ganzes gespartes Geld in eine Sache, denn du musst immer einen Plan B, C, D, E, F, G, und so weiter haben.

Wenn du all dein Geld in deinen Plan A steckst und der Markt wird ungünstig für deine Investition, dann bist du dein eigener Feind geworden. An dieser Stelle muss ich erwähnen, dass es einige Geschäfte gibt, in denen du eine massive Chance siehst und du vielleicht gierig wirst, aber dieses Verhalten führt oft zum Scheitern. Ich habe mehrere Geschichten über Leute gehört, die ihre gesamten Ersparnisse ausgeben und eine einzige Aktie kaufen oder ihr ganzes Geld in den Aufbau eines neuen Unternehmens stecken, das am Ende pleitegeht. Viele Selbstständige gehen durch harte Zeiten, weil sie nicht erkennen, wo ihre Grenzen liegen. Das ist einer der Gründe, warum sich so viele Menschen nicht auf den Spielplatz der Selbstständigkeit trauen, weil sie Angst haben, diese erschütternden Erfahrungen zu machen.

Durch schwierige Zeiten kommen

Es gibt ungeschriebene Regeln und Anlässe im Leben eines jeden, bei denen die Fähigkeit, sich anzupassen, zu einem wichtigen Faktor wird. Harte Zeiten können nicht nur finanzielle Probleme verursachen, sondern auch psychisch belastend sein. In solchen Situationen ist es nicht immer leicht, den richtigen Weg zu wählen. Voreilige Entscheidungen unter Stress zu treffen ist nie eine gute

Idee, daher empfehle ich dir dringend, dir alternative Pläne zu überlegen. In der Finanzwelt gibt es Gefahren und wenn du alles auf eine Karte setzt, gehst du ein außerordentliches Risiko ein.

Bevor du eine Entscheidung triffst, frage dich, ob diese Art von Risiko in deinem Leben wirklich notwendig ist, oder ob es leichtsinnig ist, und ob du bereit bist, dich auf die neue Situation einzulassen, ohne die Sicherheit, die dich bisher in deinem Leben umgeben hat.

Ich möchte dich nicht ermutigen, das Leben zu fürchten, sondern es mit Sinn zu leben. Ein einziger Fehltritt kann deine investierte Energie und dein Geld zerstören, was herzzerreißend sein kann.

Sicherlich gibt es einige gute Wege und Möglichkeiten, dein Geld zu investieren, aber riskiere nicht dein gesamtes Vermögen. Manchmal musst du mutig sein, aber lege immer etwas Geld beiseite. Der Betrag, den du beiseitelegen musst, hängt von deinem Lebensstil ab. Wenn du dein Haus besitzt, dann musst du keine Rücklagen für Mietausgaben bilden. Allerdings musst du Notfälle einkalkulieren, wie z.B. das Ersetzen einer Waschmaschine oder eines Heizkessels, der mitten im Winter kaputt gehen könnte.

Es ist auch wichtig, deine Schulden in Betracht zu ziehen, falls du welche hast. Wenn ja, musst du sie einkalkulieren, um deine Schulden noch ein paar Monate lang bezahlen zu können. Es gibt auch noch andere Ausgaben wie Lebensmittel, Versicherungen, Dienstleistungen, medizinische Versorgung und so weiter. Bitte denke daran, dass dein eigenes Notfallpaket niemals Teil deiner Investitionen ist, es dient dir dazu, Situationen wie den Verlust deines Einkommens für ein paar Monate zu überwinden.

Hausaufgaben

Jetzt ist es an der Zeit zu berechnen, wie viel Geld du brauchst, um deinen derzeitigen Lebensstil für weitere sechs Monate aufrechtzuerhalten.

Kenne deine Grenzen

Nicht jeder Investor ist gleich, und wir denken anders. Auch wenn du dich mit Investitionen nicht auskennst, solltest du für langfristigen Erfolg etwas darüber lernen. Es gibt wichtige Bücher und Autoren zu diesem Thema, aber wenn du zum ersten Mal *"Investition"* in die Google-Suchmaschine eintippst, dann wirst du vielleicht schockiert sein über die ungeheure Menge an Möglichkeiten, die sich dir bieten. Überstürze nichts, wenn du dir nicht sicher bist, und lege dein Geld nicht in die Hände eines Brokers, bevor du dir nicht völlig sicher bist, dass dies die beste Lösung für dich ist.

Bist du ein risikoscheues, risikoneutrales oder risikofreudiges Individual? Dies ist ein wichtiger Faktor für deine Sparsamkeit. Je risikoscheuer du bist, desto mehr hast du Angst, dein Geld zu verlieren. Aber wenn du Risiken liebst und keine schlaflosen Nächte bekommst, wenn etwas auf dem Markt verrücktspielt, dann ist Krypto vielleicht der beste Platz für dich. Wie wir Risiken eingehen, ist persönlich und du kannst dich nicht mit anderen vergleichen. Es gibt ein bekanntes Beispiel unter Ökonomen über zwei Brüder. Peter hat 1.000 Dollar und Paul hat 100.000 Dollars. Für Peter hat ein zusätzlicher Dollar einen höheren Wert als für Paul, daher ist ein zusätzlicher Dollar für Peter von höherem Nutzen.

Ich kann dir nicht sagen, was du mit deinem eigenen Leben machen sollst oder welche Arten von Geschäften und genauen Portfolios oder Zahlen du erreichen sollst. Wie ich bereits erwähnt habe, haben wir alle unterschiedliche Vorstellungen davon, was Reichtum und Reichsein bedeutet. Es hängt von verschiedenen Faktoren ab, wie deinem Standort, deinen Erwartungen oder deinen Möglichkeiten.

Die oben erläuterten Risiken und Taktiken sind wichtige Faktoren, die es zu beachten gilt. Dich selbst zu verstehen ist ein Lernprozess, genauso wie deine Prioritäten und wie viel Risiko du bereit bist, für sie einzugehen. Lerne, die Risiken zu vermeiden, für die du noch nicht bereit bist und kümmere dich um dein Portfolio, so wie Vögel ihre Eier schützen.

Um deine Ziele zu erreichen, ist es wichtig, dass du dich daran erinnerst, nein sagen zu können, nicht alles auf eine Karte zu setzen, in schwierigen Zeiten stark zu bleiben und skeptisch zu sein, wenn du von einem Investment hörst, das zu gut klingt, um wahr zu sein, denn nicht jedes Investment bringt tausend Prozent Rendite wie Bitcoin.

Neid und langfristige Gewohnheiten

Ich liebe es, darüber zu sprechen, wie wir mit Geld im Allgemeinen umgehen sollten, aber in diesem Kapitel muss ich ein weiteres wichtiges Thema in Bezug auf Geld und langfristige Gewohnheiten erwähnen. Wenn du das erste Mal große Summen verdienst, wirst du einige Fragen von deiner Familie und deinen Verwandten bekommen.

Geld ist oft etwas, das Menschen mit negativer Energie verbinden und du möchtest ihnen deinen Erfolg vielleicht nicht erklären. Du wirst in der Regel kritisiert werden, wenn du über deine Ziele sprichst, vor allem aus deinem nahen Umfeld. Du musst verstehen, dass wir alle unterschiedliche Geschichten und Lebenssituationen haben und nicht jeder wird deine Ziele unterstützen und dir zu deinem Erfolg gratulieren.

Denke bitte daran, dass dieser Effekt noch größer ist, wenn du von Menschen umgeben bist, die wenig Ressourcen haben. Wenn du deine Ziele erklärst und dich zu enthusiastisch verhältst oder deinen Erfolg zeigst, kann es sein, dass du auf negative Resonanz oder verschlossene Ohren stößt.

Der Versuch, andere zu beeindrucken, könnte deine Pläne zunichtemachen

Der nächste Fehler ist, dass du andere mit deinem Geld beeindrucken willst. Einer der größten Feinde eines sparsamen Millionärs ist der Versuch, deine Familie zu beeindrucken oder ihre Erwartungen zu erfüllen, sobald du etwas Kapital gesammelt hast.

Ein größeres Haus, ein größeres Auto zu kaufen, teure Urlaube zu machen und teure Geschenke zu machen, ist nun dein möglicher Spielplatz.

Das wird deine weitere finanzielle Entwicklung behindern, und du solltest vielleicht noch ein paar Jahre warten. Sicher, du kannst das tun, was du als das Beste für dich empfindest, aber noch ein paar Jahre in einem Low-Budget-Lebensstil zu bleiben, könnte dir helfen, einen viel größeren finanziellen Erfolg zu erreichen.

Auch wenn du Kapital gewinnst, musst du deine alten sparsamen Gewohnheiten beibehalten, wenn du ein Millionär bleiben willst. Denke daran, dass 90 % der Lottogewinner ihr gesamtes Vermögen auf diese Weise verlieren. Du solltest dich nicht so fühlen, als hättest du im Lotto gewonnen, denn du hast hart dafür gearbeitet, und es zu halten und zu vergrößern ist eine langfristige Aufgabe.

Gavrilo erzählte mir viele Geschichten über Ms. Annie. Es gab eine, die mich sehr inspirierte: Eines Tages bat sie ihn, auf dem örtlichen Markt ein paar Würstchen für 0,99 Cent zu kaufen, so wie sie es seit Jahren jede Woche getan hatte. Als er sie ihr brachte, roch sie daran, und es war schrecklich. Sie sagte ihm, er solle zurück in den Laden gehen und um eine Rückerstattung bitten. Es war ihm peinlich, das Fleisch zurückzunehmen, also warf er es weg und kaufte ein neues für sie. Als er zurückkam, sagte Frau Annie: *"Du hast es nicht zurückgegeben, oder? Du hast einfach ein neues gekauft, nicht wahr?"* Er sagte: *"Ja, ich habe mich geschämt, einen 99-Cent-Artikel in einem Mercedes zurückzugeben."* Sie wurde wütend, dass er bereit war, Geld zu verlieren, um sein Image zu pflegen. Er verstand endlich, zum ersten Mal, das Prinzip der sparsamen Millionärsmentalität. Versuche niemals, jemanden mit deinem Geld zu beeindrucken, es ist das Schlimmste, was du tun kannst. Du wirst sehen, dass die Menschen aus deinem Leben verschwinden werden, weil sie nur Teil deines Lebens sind, um ihre Interessen zu erfüllen.

Kapitel Zehn

Szakonyi's sparsamer Millionärskuchen

Was bedeutet ein Portfolio aus der Perspektive des sparsamen Millionärs-Denkens?

Die normale finanzielle Erklärung eines Portfolios ist eine Torte, die in Scheiben aufgeteilt ist, wobei jede Scheibe eine andere Finanzinstruktion darstellt. Ich gehe etwas anders an den Kuchen heran, deshalb können wir ihn Szakonyi's sparsamen Millionärskuchen nennen. Nehmen wir an, du bist ein hungriges Kind und hast gerade einen Kuchen bekommen. Dein Kuchen ist in 5 gleiche Scheiben aufgeteilt, und diese Scheiben werden deinen Magen satt machen und dich in einen finanziell verantwortungsvollen Erwachsenen verwandeln. Du bist ein Kind, das innerhalb von 20-30 Jahren Millionär werden will, und du weißt bereits, dass Erfolg nicht über Nacht geboren wird.

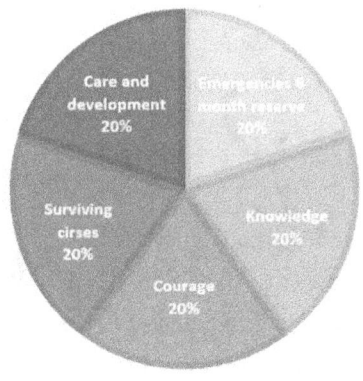

1. Notfälle: 6 Monate Reserve

Die erste Schnitte. Bargeld, das nicht in deinem Portfolio gebunden ist, für den Fall von Notfällen. Du musst so viel haben, dass du, wenn du deinen Job verlieren würdest, in der Lage wärst, deine Rechnungen zu bezahlen und für 6 Monate zu essen zu haben. Die wenigsten Menschen haben eine 6-monatige Reserve, aber das ist der erste Schritt zur finanziellen Unabhängigkeit und dazu, ein sparsamer Millionär zu werden.

Je niedriger deine monatlichen Kosten sind, desto geringer muss diese 6-Monats-Reserve sein. Und du kannst diesen Betrag schon früher erreichen, wenn du deine Ausgaben niedrig hältst. Hier kannst du die Lektionen über Zero Waste anwenden. Das ist der wichtigste Schnitt zum Überleben, denn wenn du diesen Notfallfonds nicht hast, dann hast du auch nicht die Ruhe zu investieren.

90% der Menschen werden die erste Schnitte nie beenden, daher kommen sie nie zum zweiten und bleiben auf dem harten Weg des Finanzlernens. Du musst deine notwendigen Rücklagen definieren und sie schaffen. Ich weiß, dass es manchmal lange dauert, aber du musst Schritt für Schritt beginnen. Ein kleiner Erfolg ist immer noch ein Erfolg, und ärgere dich nicht, es wird nicht ewig dauern. Du musst einen ehrlichen Blick auf deine Ausgaben werfen und sehen, was du von deiner monatlichen Liste streichen kannst.

2. Wissen

Die zweite Schnitte ist Wissen, denn ohne Wissen kannst du nicht mit Vertrauen investieren. Dies ist die Zeit, um den einfachen Weg des Lernens zu üben. Ja, du könntest investieren, indem du dein Geld anderen Leuten zur Verwaltung gibst, aber erinnerst du dich an das Schubkarren-Beispiel?

Du musst dich selbst entwickeln und etwas über Finanzen lernen, denn wenn du das nicht tust, wirst du keine Ahnung haben, was in deinem Portfolio vor sich geht, und du wirst von Angst überwältigt werden. Das ist die Schnitte, die du nie beenden solltest, weil du bereit sein musst, ein Leben lang zu lernen. Neue Gelegenheiten werden auftauchen, und du musst wachsam und offen bleiben, um sie zu nutzen. Wenn du über aktualisiertes Wissen verfügst, wirst du in der Lage sein, neue Optionen, die auf dem Markt erscheinen, mit einem kritischen Auge zu betrachten.

3. Mut

Die dritte Schnitte ist für das Mutigsein. Bewusstes Planen ist die aktive Investition von Geld und die Definition eines Portfolios. Tritt in das Feld des Handelns, indem du einen Plan aufstellst und aufhörst, auf ein Wunder zu warten. Das bedeutet, dass wir von nun an jeden Monat einen bestimmten Betrag in einer bestimmten Form investieren, ohne weitere Ausreden und Ängste zu finden. Angst ist Schwäche und mit der Schwäche ist es mit diesem Schnitt vorbei und du musst mutig die Verantwortung für dein eigenes Leben übernehmen und stolz auf dich sein.

4. Krisen überleben

Die vierte Schnitte - Surviving Crises - Diese Schnitte des Kuchens ist nicht so lecker wie die ersten 3 Schnitte, aber du kannst deinen Weg zur finanziellen Freiheit und dem sparsamen Millionärsdenken nur erreichen, wenn du auch diese Schnitte isst. Dies ist die bedeutendste Scheibe.

Auch dies kannst du nur erreichen, indem du von Scheibe 2 abzwackst und weißt, welches Risiko du tragen kannst und wie deine Risikobereitschaft ist. Du kannst die 4. Scheibe viel leichter essen, wenn du die erste vorsichtig isst und du deine Notfallfonds hinter dir hast. Menschen, die die vierte Schnitte nicht essen - also trainieren, nicht aufzugeben, wenn die Krise kommt - verkaufen oft aus Panik.

Das passiert in der Regel, wenn sie zu viel investiert haben und sich eingebildet haben, dass alles für immer nach oben gehen würde. In den meisten Fällen erholt sich nach einem Marktcrash alles wieder, es ist nur so, dass diese Leute zu einem sehr schlechten Zeitpunkt verkauft haben, weil sie Angst hatten, alles zu verlieren und nicht in der Lage waren, durchzuhalten und während einer Krise geduldig zu sein. Du musst langfristig denken und das kurzfristige hysterische Marktverhalten und die Angst der Massen ignorieren.

5. Pflege und Entwicklung

Pflege und Entwicklung - Mit dem Portfolio zum Millionär werden. Es geht nicht nur um Geld, denn Geld an sich macht nicht glücklich. Es beinhaltet persönliche Entwicklung, die Verwirklichung von Zielen, deine Familie, deinen Lebenspartner, Freude und echte Wünsche, weshalb du dich überhaupt für diesen Kuchen entschieden hast. Der Kuchen des sparsamen Millionärs-Mindsets ist nicht immer lecker, aber diese einfachen Wege werden dir langfristig Vertrauen geben.

Ich weiß, dass viele von euch sofortige Ergebnisse erwarten und es tut mir leid, euch zu enttäuschen, aber finanzieller Erfolg hat seinen Preis, der darin besteht, auf dem Weg zu bleiben, der mit der Zeit gepflastert ist, mit deiner Ausdauer als Treibstoff.

Kapitel Elf

Priorisieren und fokussieren

Schreibe deine Ideen auf

Viele von uns machen einen sehr einfachen, aber bedeutenden Fehler, der unsere finanzielle Entwicklung ernsthaft behindert. Du kannst dieses Problem auf eine einfache Art und Weise lösen. Du musst anfangen, deine eigenen Ideen aufzuschreiben, bevor du sie vergisst. Das Anfertigen einer To-Do-Liste, um deine Ideen auf dem Papier zu sehen, ist notwendig, um deine brillanten Ideen festzuhalten, und du kannst sie auch ein paar Jahre später noch überprüfen. Du musst deine besten Ideen aufschreiben, denn diese sind dein Vermögen. Warst du schon einmal in einer Situation, in der du eine gute Idee hattest und fünf Minuten später schon wieder komplett vergessen hattest, was es war? Deine Notizen können dir sehr dabei helfen, deine Kreativität zu steigern und dies könnte ein nützliches Werkzeug sein, um langfristig mehr Kapital zu verdienen.

Wie man Prioritäten setzt

Fängst du Dinge an, die du nie zu Ende bringst? Du hast tausend Ideen, setzt sie aber nie in die Tat um oder nimmst dir 15 Projekte gleichzeitig vor? Diese Extreme sind die Gründe, warum wir unsere Ziele nicht erreichen. Viele talentierte und kreative Menschen verfallen in den Fehler, ständig neue Ideen zu haben und an mehreren Projekten gleichzeitig zu arbeiten. Sie beginnen einen Prozess mit extremem Enthusiasmus, aber sobald ihnen die nächste Idee in den Sinn kommt, verlieren sie den Fokus auf das alte Projekt. In diesem Chaos verlieren sie oft die Motivation und wenn die nächste gute Idee auftaucht, fangen sie sie nicht an, weil sie schon im Voraus wissen, dass sie sie in der Realität nicht umsetzen können.

Was kann getan werden?

Wie kannst du deine Energie auf ein Projekt fokussieren und einen finanziellen Vorteil daraus ziehen? Es ist nicht immer einfach, die richtige Wahl zu treffen. Wenn du mehrere potenzielle Geschäftsideen im Kopf hast, dann könntest du die Kontrolle verlieren und zwischen den Ideen hin und her wechseln.

Eisenhower Matrix

Ich denke, eines der besten Werkzeuge, um bei der Entscheidungsfindung erfolgreich zu sein, ist die Eisenhower Matrix; Triff dringende vs. wichtige Entscheidungen mit 4 Quadranten.

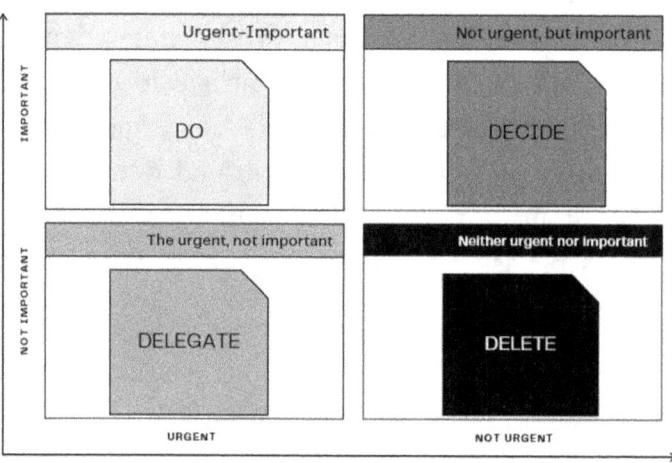

Zuerst musst du dich mit deinen eigenen Prioritäten auseinandersetzen. Diese Matrix wird oft von Top-Managern bei der Entscheidungsfindung verwendet, und du kannst sie leicht in dein Leben übernehmen.

Hausaufgaben

Nimm dein Notizbuch oder eine Excel-Datei und erstelle deine ganz eigene Eisenhower-Matrix. Unten findest du die Anleitung und einige Hilfen, wie du das machen kannst. Wenn du wirklich an deine persönliche und finanzielle Entwicklung glaubst, würde ich dir empfehlen, eine Liste auf monatlicher Basis, auf jährlicher Basis, auf dreijähriger Basis und auf fünfjähriger Basis zu erstellen. Du musst also vier verschiedene Matrizen erstellen. Auf diese Weise bekommst du einen klaren Überblick über deine Pläne und Ideen, und du wirst dir deine Entwicklung viel leichter machen.

Bitte füge alle deine persönlichen und finanziellen Visionen, Ideen, Hoffnungen und konkreten Pläne für die Zukunft ein, und habe keine Angst zu träumen und groß zu denken und aus deinen Grenzen herauszutreten.

Diese Matrix besteht aus vier Teilen, und nun werde ich dir erklären, wie du mit den einzelnen Abschnitten arbeiten kannst.

1. Abschnitt Nummer eins ist die Dringend-Wichtig-Box. (DO)

In dieser Box schreibst du die dringenden Dinge auf, die auch im Alltag, in der Arbeit, in den Finanzen, in der persönlichen Entwicklung etc. wichtig sind. Was ist für dich in diesen Bereichen wirklich dringend und wichtig? Du musst entscheiden, was du persönlich dringend und wichtig findest. Denke einen Moment nach und antworte dir selbst. Technisch gesehen ist das dein Hauptprojekt, dein finanzielles Hauptziel, für das du arbeitest und Dinge, die du buchstäblich tun musst und nicht vermeiden kannst.

Mache es zu deiner Priorität, jeden Tag an diesen dringenden und wichtigen Aufgaben zu arbeiten. Denke daran, dass Ziele und Aufgaben ganz oben auf deiner Prioritätenliste stehen.

Hier ist ein Beispiel. Du hasst deinen Job und er wird schlecht bezahlt. Also ist es dringend und wichtig, etwas dagegen zu tun. Es reicht nicht aus, aufzuschreiben, dass du deinen Job hasst, sondern auch, dass du innerhalb eines Monats etwas ändern willst, um deine Situation zu verbessern. Bleib ruhig und sei nicht voreilig. Ohne einen Plan zu kündigen und darauf zu warten, dass Wunder geschehen, ist nicht die Lösung. Du kannst in Feld Nummer eins aufschreiben, dass du deinen Job hasst und was du tun musst, um dieses Problem zu lösen. Schreibe zum Beispiel einen aktualisierten Lebenslauf und bewirb dich auf mehrere Jobs, um deine Situation schneller zu ändern. Du musst auch deine Schritte definieren, denn ohne eine Anleitung kannst du deinen Plan nicht durchziehen.

2. Abschnitt Nummer 2 ist die nicht dringende, aber wichtige Box. (DECIDE)

Hier beginnt die eigentliche Planung, denn du hast bereits in der ersten Box deine höchsten Prioritäten definiert. Frage dich, welche Dinge dir wirklich wichtig sind, aber aufgeschoben werden können. Um deine am meisten gewünschten Träume zu erreichen, müssen sie von Box zwei in Box eins verschoben werden und gib ihnen Fristen.

Wir haben tausende von Träumen und wir hoffen, dass wir sie in der Zukunft erreichen können, aber diese Träume werden nie wahr, wenn wir nicht einige von ihnen in die Dringend-Wichtig-Box verschieben. Wir erzählen jedem von diesen Träumen, aber wir erfüllen sie nie, wir denken, wir haben genug Zeit und zögern, damit anzufangen. Aber wenn du wirklich willst, dass sie verwirklicht werden, musst du dir einen konkreten Plan und eine Frist setzen.

Sagen wir, du willst dein Finanzwissen verbessern, aber du tust nichts, um dieses Ziel zu erreichen. Erfinde einen persönlichen Plan und sei streng zu dir selbst, um ihn einzuhalten.

Schau dir zum Beispiel ein Jahr lang jeden Tag dreißig Minuten Videos über Buchhaltung an oder lies dreißig Seiten zu diesem Thema. Lasse keinen Tag aus, beschwere dich nicht und mache es auch, wenn du erschöpft bist, dich langweilst oder genug hast. Dieses prinzipienfeste Verhalten wird dir helfen, jemand mit der sparsamen Millionärsmentalität zu werden. Du wirst nicht alle deine Träume verwirklichen können, weil wir alle zu viele davon haben. Wähle deine wichtigsten Träume aus und fange an, etwas für sie zu tun.

Verschiebe sie nie auf morgen, sonst wirst du dich nie erfolgreich fühlen. Wenn du nie einen deiner Träume erfüllst und du schon alle Möglichkeiten, die dir das Leben gegeben hat, verpasst hast, wirst du am Ende deines Lebens mit Bitterkeit dastehen. Ich weiß, das sind schmerzhafte Worte, aber sie sind wahr.

3. Abschnitt Nummer 3 ist das dringende, nicht wichtige Feld. (DELEGATE)

Hier musst du anfangen, Aufgaben zu delegieren und ein Stratege zu werden. Die Entscheidungsfindung ist ein Schlüssel zur Organisation deiner Aufgaben, Finanzen und Ziele. Wenn du die Möglichkeit hast, einige deiner Aufgaben an Leute abzugeben, die dir helfen können, kannst du dich auf deine erste Box konzentrieren.

Denke an einen Chef, der nicht unbedingt alle Aufgaben alleine erledigt. Er lässt sie von Mitarbeitern erledigen, während er sich auf die Strategien und primären Ziele konzentriert. Schauen wir uns ein einfaches Alltagsbeispiel an. Es gibt so viele zeitraubende Aufgaben, die deine Aufmerksamkeit von deinen eigentlichen Zielen ablenken. Du solltest einen ernsthaften Blick auf dein Leben werfen, um zu sehen, wo dir die Zeit aus der Hand fließt. Nimmt dein Einkaufen Stunden in Anspruch? Bist du den ganzen Tag auf Social Media? Wie viele Gefallen erledigst du pro Tag? Du bist ein Chef, der Aufgaben einfach nicht optimal managt. Du denkst, dass es dringend ist, zu Hause zu essen, zu checken, was auf Social Media passiert ist oder einen Gefallen zu tun. Aber am Ende des Tages warst du es, der die Ziele aus Box eins nicht erreichen konnte.

Die meisten Menschen definieren diese Box nicht richtig. Du musst diese Dinge in deinem persönlichen Leben tun, aber deine Fähigkeiten verbessern. Warum kaufst du nicht einmal im Monat online ein, um Zeit zu sparen? Warum checkst du nicht weniger oft die sozialen Medien? Hab keine Angst, manchmal nein zu Gefallen zu sagen, wenn du deine Zeit wirklich für dich brauchst. Du musst in der Lage sein, deine Energie auf die wirklich wichtigen Dinge und auf dich selbst zu konzentrieren. Das ist ein Teil deiner Selbstmanagement-Strategie. Das bedeutet nicht, dass du egoistisch bist, sondern dass du prinzipientreu bist.

4. Abschnitt 4 ist die weder dringende noch wichtige Box. (DELETE)

Es ist Zeit für einen Frühjahrsputz. Du solltest entscheiden, was nicht Teil deines Finanz- und Selbstentfaltungsplans ist. Nimm dir eine Minute Zeit, um zu sehen, welche Dinge, Menschen, Gewohnheiten, alltäglichen Aufgaben dich nerven, dir Zeit und Energie rauben oder einfach unbemerkt um dich herumlungern. Ja, du hast richtig gehört. Du solltest hier auch ein paar Menschen eintragen, denen du nicht mehr begegnen möchtest oder die dir zum hundertsten Mal von ihrem miserablen Leben erzählen. Lass nicht zu, dass sie das Leben aus dir heraussaugen und dich nach einer halben Stunde Gespräch todmüde machen. Es ist Zeit, hart zu sein, auch wenn diese Person ein Familienmitglied von dir ist.

Ich weiß, es ist extrem schwer und schmerzhaft, Dinge, Menschen, Gewohnheiten loszulassen, die uns einst sehr glücklich gemacht haben. Dennoch musst du Platz schaffen für bessere Dinge und positive Menschen, die dich motivieren. Vergiss nicht, mit alten, nicht mehr zeitgemäßen Mustern, Denkweisen und Gewohnheiten ist es unmöglich, das sparsame Millionärs-Mindset zu erreichen. Wie du bereits weißt, geht es in diesem Buch nicht nur um Finanzen, sondern auch um Selbstentwicklung.

Leider gibt es ohne die notwendigen Veränderungen auch keine persönliche Entwicklung, also tue es um deiner selbst willen. Ich weiß, es ist sehr schwer. Wenn du den Frühjahrsputz hinter dir hast, wirst du feststellen, dass du tatsächlich viel mehr Zeit für dringende und wichtige Dinge hast als zu Beginn.

Kapitel Zwölf

Du hast dein Geld verdient, was kommt als nächstes?

Wenn du ein oder mehrere Jahrzehnte lang fleißig investiert hast, je nachdem wie viel du investiert hast und wie gut du dich selbst verwaltet hast, hast du vielleicht das Gefühl, dass du an deinem Ziel angekommen bist. Aber dann wiederum willst du vielleicht nicht. Vielleicht willst du mehr. Wenn du mit deinen Investitionen weiterhin Geld verdienen willst, ist es sehr wichtig, deine finanziellen Ziele kontinuierlich zusammenzufassen. Bewegst du dich auf deine Ziele zu, hast du neue Ziele? Ist der Weg, auf dem du dich befindest, tatsächlich gut für dich? Bist du nur ein kleiner Fisch in deinem Markt, oder gibt es größere Dinge, die du gelegentlich erreichen kannst? Trittst du vielleicht nur in stagnierendem Wasser? Finde heraus, was die Realität ist. Das sind schwierige Fragen, aber sie müssen untersucht werden, um einen klaren Blick zu bekommen.

Ich kenne viele Menschen, die den Gipfel erreicht haben und finanziell unabhängig geworden sind, und sie sind immer noch unglücklich, weil sie eine sehr wichtige Lektion nie verstanden haben.

Geld ist ein effizientes Werkzeug, ein Teil des Lebens, aber es kann niemals das Ziel des Lebens sein.

Es gibt einige Menschen in ihren 40ern, die ihre Karriere aufgebaut und finanziellen Erfolg erreicht haben, aber sie haben ihr ganzes Leben damit verbracht, dem Geld hinterherzujagen, und sie haben es versäumt, für sich selbst echte Ziele im Leben zu finden, die wahres Glück bringen und obwohl sie wohlhabend sind, sind sie immer noch unglücklich.

In den meisten Fällen versuchen diese Menschen, ihr Glück zu verbessern und zu steigern, indem sie nach körperlichem Vergnügen suchen. Wir hören oft von Sexskandalen erfolgreicher Geschäftsleute oder wenn sie älter sind und ihre sexuelle Aktivität nachgelassen hat, dann hören wir davon, wie sie ihre Macht über andere ausüben und Tyrannen sind. Natürlich gilt dieses Muster nicht nur für anerkannte erfolgreiche Geschäftsleute, aber wir haben alle schon von diesen Beispielen gehört. Dieses Verhalten hat viel mit ihrem inneren Wesen zu tun, weil sie so viele Jahre nur dem Geld nachgelaufen sind.

Wie kannst du also diese schlechten Muster eliminieren und ein glücklicher Millionär werden?

1. Finde echte Werte in deinem Leben. Das kann dein Partner, deine Kinder, deine Familie, ein Hobby, ein Haustier, eine

Organisation oder etwas anderes sein, wofür du leben kannst.

2. Persönliche Entwicklung, aber vor allem entwickle deinen Geist und deine Seele.
3. Respektiere andere Menschen.
4. Finde für dich ein edles Ziel. Es gibt nichts, wofür es sich zu leben lohnt, wenn es nichts gibt, was dich motiviert, jeden Tag aufs Neue mit neuer Kraft für etwas zu kämpfen.
5. Höre niemals auf, deine sparsamen Gewohnheiten zu nutzen, bleibe stolz auf sie.
6. Lass deine Umgebung nicht deine Gewohnheiten ändern.
7. Bleibe dein eigener bester Freund.
8. Lebe für deine Leidenschaft.

Nicht-materielle Elemente

Finanzieller Erfolg hat auch nicht-materielle Elemente. Als soziales Wesen kannst du deiner eigenen psychischen Gesundheit und der, anderer Menschen helfen, wenn du in einer besseren finanziellen Lage bist.

Sei für andere Menschen da und nimm dich Menschen in schwierigen Lebenssituationen an oder hilf ihnen finanziell, oder arbeite vielleicht in einer Organisation. Die meisten erfolgreichen und finanziell überdurchschnittlich gut gestellten Menschen setzen sich für ein höheres Gut ein. Du kannst einer der Menschen sein, die die Gewohnheit der Großzügigkeit praktizieren. Wenn du zurzeit nicht die Möglichkeit hast, eine Organisation finanziell zu unterstützen, ist das kein Problem, aber geh und mach etwas Freiwilligenarbeit.

Hilf bei der Verteilung von Lebensmitteln an Bedürftige, hilf bei einer kostenlosen Veranstaltung, erledige Einkäufe für eine ältere Person oder tue etwas, was dich in diese Richtung treibt. Je mehr du gibst, desto mehr wird in dein Leben zurückfließen, sowohl spirituell als auch finanziell. Du wirst auch wertvolle Beziehungen in deinem Leben aufbauen. Außerdem wirst du viel Freude an Aktivitäten finden, die Menschen helfen, die nur halb so viel Vertrauen haben wie du.

Kapitel Dreizehn

Zusammenfassung der Lektionen

Wir sind am Ende dieses Buches angekommen, aber bevor du es schließt, lass uns einen Blick darauf werfen, was du gelernt hast. Bitte nimm diese letzten Seiten als wichtige Erkenntnisse mit. In der Zukunft, wenn du nur wenig Zeit hast, kannst du diese Zusammenfassung lesen, um dein Wissen über die Denkweise der sparsamen Millionäre aufzufrischen. Wie ich bereits mehrfach in diesem Buch erwähnt habe, ist deine Zeit dein wertvollstes Gut, daher ist diese kurze Zusammenfassung für dich erstellt worden, damit du sie später nutzen kannst.

Wann immer du dich festgefahren fühlst, könnte dieses Kapitel dir helfen, deine Frustration zu überwinden und dich daran zu erinnern, was es bedeutet, eine sparsame Millionärsmentalität zu haben. Genieße es!

Schauen wir uns die wichtigsten Punkte aus jedem Kapitel an.

Der harte Weg, Finanzen zu lernen

Du musst alle schlechten Muster aus deinem Leben eliminieren, wenn du in den Finanzen erfolgreich sein willst. Schlechte Ausgabengewohnheiten, eine negative Lebenseinstellung, Zeitverschwendung für unproduktive Dinge, das Versäumnis, aus den Fehlern anderer zu lernen, sind alles Dinge, die dich daran hindern werden, auf deinem Weg zu bleiben.

Der einfache Weg, Finanzen zu lernen

Du musst deine Leidenschaft finden und eine glasklare Vorstellung davon haben, was du erreichen willst. Schreibe deine Ideen auf und behalte immer eine positive Einstellung, besonders was deine Ziele und Träume angeht. Lerne aus den Fehlern anderer, erspare dir eine Menge Kummer und Zeit. Bleibe immer ruhig, wenn du Entscheidungen triffst und baue deinen Ruf auf, indem du zuverlässig bist.

Übernimm die Kontrolle über deine Ausgaben

Lebe unter deinen Möglichkeiten, indem du auf leichtsinnige Ausgaben verzichtest. Viele kleine Beträge fließen täglich aus deinem Geldbeutel, wenn du nicht auf deine täglichen Lebensgewohnheiten achtest. Das Geld, von dem du denkst, dass du es nicht investieren musst, ist genau dort in deiner Tasche, du gibst es nur in die falsche Richtung aus.

6Rs

Respektiere alles um dich herum.
Weigere (Refuse) dich, für alles Unnötige auszugeben.
Reduziere deine Einkäufe für die täglichen Dinge und denke in großen Mengen.
Rehome - Gegenstände einem neuen Zweck/einer neuen Verwendung zuführen.
Reuse - eliminiere Einwegartikel, die sich auf lange Sicht zu einer Menge summieren.
Repurpose - erschaffe neue nützliche Gegenstände aus Dingen, die du bereits hast.

Wie du deine Centbeträge in Millionen verwandelst

Zuerst musst du dir ein Grundwissen über Finanzen und Investitionen aneignen, um selbständig investieren zu können. Denke daran, dass du den Makler auslassen willst, damit du alle Gewinne behalten kannst! Wenn du einen klaren Plan hast, in was du investieren willst, musst du dich langfristig an deine Entscheidung binden. Mit kontinuierlichen Einzahlungen auf dein Investitionskonto wird der Zinseszins, den du verdienst, im Laufe der Jahre deine Erträge deutlich aufblähen.

Seele vor Geld

Viele ehrgeizige Menschen tappen in Fallen, wie z.b. zu viel zu arbeiten und auszubrennen, oder etwas zu wählen, das dir keinen Spaß macht, nur wegen des Geldes. Kümmere dich um dich selbst und erkenne, dass Geld nichts wert ist, wenn du am Ende ein gestresstes Chaos bist.

Lebenspartner und persönliche Beziehungen

Die Menschen, mit denen du dich umgibst, beeinflussen dein Leben zutiefst, manchmal sogar ohne dass du es merkst. Manchmal verstehen die Freunde, die wir bereits haben, deine neue Mentalität und Pläne nicht. Vermeide es, deine Pläne mit Menschen mit negativer Mentalität zu besprechen, und finde die Menschen, die dich verstehen und mit dir vorankommen werden.

Fehler zum Vermeiden

Es gibt eine Menge Gelegenheiten zum Verkauf da draußen. Und wann immer du auf sie stößt, kannst du dir ziemlich sicher sein, dass sie Fallen sind. Gib dein Geld nicht aus der Hand, um Teil des Systems von irgendjemandem zu sein. Mache dein eigenes System und denke daran, wenn es zu gut klingt, um wahr zu sein, ist es das wahrscheinlich auch. Wenn du investierst, gerate nicht in Panik und teile deine Erfolge nicht mit den falschen Leuten.

Szakonyi's sparsamer Millionärskuchen

Dieser Kuchen besteht aus allen Elementen, die du brauchst, um mit Vertrauen zu investieren und ein erfülltes Leben zu führen.

Priorisieren und fokussieren

Übernimm die Kontrolle über deine Träume, indem du einen Finanzplan für dich selbst erstellst. Schreibe alles auf, was du tun musst, und priorisiere deine Aufgaben mit Hilfe der Eisenhower Matrix.

Du hast dein Geld verdient, was nun?

Deine Reise endet nie. Inzwischen weißt du, was die Zeit mit Investitionen anstellen kann, also ist es klug, weiter zu investieren. Genieße dein Geld, aber bleibe bescheiden und lebe für ein edles Ziel, das dich wirklich erfüllt.

Abschließende Gedanken

Die Zeit vergeht so schnell. Ein paar Jahrzehnte mögen wie eine lange Zeit erscheinen, aber wie viele ältere Menschen dir sagen werden, vergeht sie in einem Wimpernschlag. Die finanzielle Mentalität, mit der du dein Leben lebst, wird darüber entscheiden, ob du dir später dankbar sein wirst, oder ob du es bitter bereuen wirst. Beginne noch heute mit dem Frugal Millionaire Mindset und sei auf dem Weg zum Erfolg. Jetzt ist es an der Zeit, der beste Freund deines älteren Ichs zu werden, um Trost, Sicherheit und Seelenfrieden zu bieten. Es wird die lohnendste Freundschaft deines Lebens sein.